Arthur Miller öröksége
Centenáriumi írások műveiről

Arthur Miller öröksége
Centenáriumi írások műveiről

Szerkesztette:

Kurdi Mária

© 2015 Szeged, AMERICANA eBooks

General editors: Réka M. Cristian & Zoltán Dragon

© Kurdi Mária és a szerzők

ISBN: 978-615-5423-18-5 (.mobi); 978-615-5423-19-2 (.epub); 978-615-5423-20-8 (PoD)

Borító koncepció: Sebestény Csilla
A borítót és a kötetet tervezte: Dragon Zoltán

AMERICANA eBooks is a division of *AMERICANA – E-Journal of American Studies in Hungary*, published by the Department of American Studies, University of Szeged, Hungary.
http://ebooks.americanaejournal.hu

This book is released under the Creative Commons 3.0 – Attribution – NonCommercial – NoDerivs 3.0 (CC BY-NC-ND 3.0) licene. For more information, visit: http://creativecommons.org/licenses/by-nc-nd/3.0/deed.hu

TARTALOM

Előszó 1
Kurdi Mária

1 Tükör által homályosan... Az antiszemitizmus ábrázolása 5
Arthur Miller *Gyújtópont* című regényében
Kisantal Tamás

2 A család és a bunker: A család szerepe Arthur Miller 29
drámáiban
Seress Ákos Attila

3 Az amerikai családdráma megújul: Arthur Miller *Lefelé a* 53
hegyről
Németh Lenke

4 Narratív (tudat)határokon. Arthur Miller: *A bűnbeesés után* 74
Balassa Zsófia

5 Az elzavart Messiás: Rituálé és abszurd problematikája 88
Arthur Miller *Feltámadás blues* című drámájában
Ótott Márta

6 Arthur Miller és az ír színház 111
Kurdi Mária

7 Bibliográfia magyar szerzők Arthur Millerről szóló írásaiból 129
2005-2015
Albert Noémi

8 A kötet szerzői 136

Kurdi Mária

ELŐSZÓ

A modern amerikai drámaírás egyik kétségkívül kiemelkedő alakja, Arthur Miller 1915-ben született és 2005-ben hunyt el, életének 90. évében. Jelen kötetünket a centenárium alkalmából életműve irodalmi és színpadi örökségének szenteljük, melynek elevenségét kézzelfoghatóan bizonyítja, hogy műveit újra meg újra kiadják és játsszák a színpadon a világ számtalan országában, így Magyarországon is. Az amerikai dráma, színház és Miller művészetének kritikai feltérképezésében, elemzésében számos lépés történt nálunk az utóbbi években. Ha csak monográfiákat és szerkesztett köteteket említünk az elmúlt évtizedből, listájuk jól mutatja ezt a gazdagodást és a vizsgálódások újabb irányait. 2005-ben a *Hungarian Journal of English and American Studies* őszi száma Millerről és a családdal foglalkozó modern drámairodalomról közölt tanulmányokat hazai és külföldi szerzők tollából, e sorok írójának szerkesztésében. 2007-ben Németh Lenke Mária Mamet-monográfiája jelent meg, *"All It is, It's a Carnival": Reading David Mamet's Women Characters with Bakhtin* címmel (Debrecen: Kossuth Egyetemi Kiadó). Seress Ákos Attila *Amerikai tragédiák. Szerep, személyiség és kirekesztés Tennessee Williams drámáiban* címmel publikált monográfiát 2011-ben (Budapest: Theatron Társulás). A 2011-es év másik könyvet is hozott Williamsről, nevezetesen Dragon Zoltán munkáját *Tennessee Williams Hollywoodba megy, avagy a dráma és a film dialógusa* címmel (Szeged: AMERICANA eBooks). 2012-ben Cristian Réka

1

ARTHUR MILLER ÖRÖKSÉGE

Mónika szerkesztésében *A fattyú művészet nyomában. Írások amerikai drámáról és színházról* című kötet jelent meg, benne magyar szerzők tanulmányaival (Szeged: AMERICANA eBooks). *Mesterek árnyékában: Sam Shepard drámái és a hagyomány* címmel jelent meg újabb monográfia 2013-ban, a Debreceni Egyetemi Kiadó gondozásában. Szerzője, Varró Gabriella, Shepard és az amerikai dráma ihletett kutatója bizonyára írt volna a jelen tanulmánykötetbe is, ám sajnos 2014 augusztusában fiatalon elragadta közülünk egy autóbaleset következtében az értelmetlen halál.

Centenáriumi kötetünk a fenti munkák sorához, az amerikai drámáról és színházról szóló intenzív hazai kritikai diskurzushoz kíván csatlakozni. Hiánypótló gyűjteménynek is szánjuk, hiszen Millerről az utóbbi évtizedben nem jelent meg hasonló kötet vagy monográfia. Természetesen a hat tanulmány együttese nem vállalkozik arra, hogy Miller sokoldalú munkásságának főbb oldalairól bármilyen értelemben összegző, vagy átfogó képet nyújtson. Közös lényegi vonásuk azonban, hogy Miller jól ismert műveit kevésbé hagyományos módon, újabb szempontok bevonásával elemzik, vagy kevéssé ismert műveket állítanak a vizsgálódás középpontjába, illetve Miller színházi írásaira, nemzetközi színházi kapcsolataira is figyelmet fordítanak. Munkáikban a szerzők különböző releváns elméleti belátásokra támaszkodnak a széleskörű szakirodalmi tájékozódás mellett.

A kötetben első helyen olvasható tanulmány, „Tükör által homályosan ... Az antiszemitizmus ábrázolása Arthur Miller *Gyújtópont* című regényében" címmel Miller korai regényét, a II. világháború idején felerősödő amerikai antiszemitizmust bemutató *Gyújtópont*ot (*Focus*, 1945) tárgyalja. Szerzője, Kisantal Tamás a holokauszt-irodalom és filmek elemzési szempontjai felől közelíti meg a szöveget, ugyanakkor műfaji sajátságaira vonatkozó megállapításokat szintén tesz. A kritikában nem ritka „tézisregény" besorolás a tanulmányíró szerint vitatható, mert a mű összetettebb ennél: reflektál önmagára, és módszerével minduntalan leleplezi a nézőpontok ideologizáltságát. Seress Ákos Attila „A család és a bunker: A család szerepe Arthur Miller drámáiban" című esszéje Miller 1940-es években született drámáit elemzi, legtöbb figyelmet *Az ügynök halálára* (*Death of a Salesman,* 1949) fordítva. Kiindulópontja Miller drámaelméleti esszéje, „A tragédiáról – a család szerepe a modern drámában" („The Family in Modern Drama"), amely Seress véleménye szerint a korszak családról alkotott elképzeléseit híven tükrözi. A korai drámák, különösen *Az ügynök* azonban túlmutatnak ezen, mert éppen a családot, elsősorban az apa-fiú viszonyt mutatják olyan közegként, amelyben a személyiségnek a családon keresztül közvetített normatív társadalmi rendszerek által történő megalkotottsága láthatóvá válik. Köztudott, hogy a családi kapcsolatok ábrázolása meghatározó téma maradt az egész milleri életműben. Németh Lenke „Az amerikai családdráma megújul: Arthur Miller *Lefelé a hegyről*" című tanulmánya egy későbbi, 1991-ben írott drámát (*The Ride Down Mt. Morgan*) tárgyal. Ebben a házasság törékenységére helyeződik a hangsúly, ugyanakkor az amerikai családdráma konvencióitól való eltérések révén Németh szerint Miller új, az 1980-as évekre jellemző témákat világít meg művében. Elsősorban a középosztálybeli amerikai férfiak identitásválságát, valamint az emberi gyarlóság, az illúziókkal való szembenézés nehézségének, illetve lehetetlenségének általánosabb kérdéseit.

Balassa Zsófia „Narratív (tudat)határokon. Arthur Miller: *A bűnbeesés után*" című tanulmánya *A bűnbeesés után* (*After the Fall,* 1964) monológ-technikáját dráma-narratológiai szempontból vizsgálja. A mű emlékezetjáték (memory-play), és írásmódjának fontos eleme, hogy a modernista tudatfolyam elbeszélésmódszereit idézi, de a színpadkép segítségével. Balassa tanulmánya éppen ezt a sajátságot, a dráma és epika határán való egyensúlyozás megvalósulását veszi górcső alá, mely által *A bűnbeesés után* a műfaj határaira is kérdez. Hasonlóan főként a drámatechnika elemzésére összpontosít Ótott Márta, tanulmányának címe: „Az elzavart Messiás: Rituálé és abszurd problematikája Arthur Miller *Feltámadás blues* című drámájában". A *Feltámadás blues* (*Resurrection Blues*) 2002-es keltezésű, késői Miller darab, melyben az abszurd színház egyes elemei nyernek új életet, a kortárs Amerika értékvesztésének ábrázolása során. Ótott ezeket a dráma cselekményében megjelenő ironikus ritualitással összefüggésben vizsgálja, a groteszk és bohózati hatásokkal együtt, melyek aláhúzzák a drámában megjelenített krízishelyzet fonákságait és feloldatlanságát. E sorok írójának „Arthur Miller és az ír színház" című tanulmánya az ír és amerikai drámaírás sokrétű kölcsönhatásának részeként elemzi a témát, kitérve Miller és két neves ír rendező termékeny kapcsolatára, továbbá a dublini Gate Színház 2015-ös, nagy sikerű *Pillantás a hídról* (*A View from the Bridge*, 1965) előadására. A kötet záró fejezete Albert Noémi „Bibliográfia magyar szerzők Arthur Millerről szóló írásaiból 2005-2015". Ez a bibliográfia folytatja Vadon Lehel munkáját, aki a *Hungarian Journal of English and American Studies* fentebb említett, 2005-ös számában terjedelmes bibliográfiát közölt Miller magyarországi fogadtatásáról, a 2004-es évvel bezárólag.

Ezúton is köszönöm, hogy a szerzők a milleri életmű iránti feltétlen tisztelettel, összetett szempontok szerint és újabb eredményekre jutva írták meg tanulmányaikat. Mindnyájan hálával tartozunk Hartvig Gabriella kolléganőmnek (PTE Anglisztika Intézet), aki rövid határidővel vállalta a szövegek lektorálását, és ezt a munkát igen körültekintően végezte, mindig készen arra, hogy a különböző javításokra tett javaslatait megbeszéljük, a szövegeket minél olvashatóbbá tegyük. Végül, de korántsem utolsósorban, valamennyiünk köszönetét fejezem ki Cristian Réka Mónikának és Dragon Zoltánnak, az AMERICANA eBooks sorozat alapító szerkesztőinek (SzTE, Angol-Amerikai Intézet), akik örömmel fogadták a könyv tervét és vállalták kiadását. Kiadó, szerkesztő és szerzők reméljük, hogy a kötet méltó módon járul hozzá Arthur Miller művészi örökségének aktív őrzéséhez, és az amerikai irodalommal és színházzal foglalkozó, ezen területek iránt érdeklődő olvasók szívesen és haszonnal forgatják majd lapjait.

Kisantal Tamás

TÜKÖR ÁLTAL HOMÁLYOSAN...
AZ ANTISZEMITIZMUS ÁBRÁZOLÁSA ARTHUR MILLER *GYÚJTÓPONT* CÍMŰ REGÉNYÉBEN

„*Csakugyan, zsidónak látszottak, minden tekintetben.*"
(Köves Gyuri – Kertész Imre: *Sorstalanság*)

Arthur Miller *Gyújtópont* (*Focus*, 1945) című regénye nem tartozik a szerző legismertebb művei közé. Dacára annak (vagy éppen amiatt), hogy az író egyetlen regényéről van szó, a mű recepciója nem túl nagy, magyarországi kritikai fogadtatástörténetéről pedig tulajdonképpen nem is beszélhetünk. Még maga Miller sem ír róla túl sokat önéletrajzi könyvében, a *Kanyargó időben* lapjain: néhányszor megemlíti ugyan, de különös módon sem a szöveg kontextusával, sem befogadásával nem igazán foglalkozik (és ami talán még furcsább: témájával is csupán érintőlegesen). A könyvet nem szokás Miller legfontosabb és legsikerültebb művei közé sorolni, és már megjelenésekor sem aratott osztatlan sikert. Már a korabeli kritika is amiatt marasztalta el a szerzőt, hogy a mű túlságosan „megcsinált", szereplői csak afféle marionettfigurák, akik a történet és az általa hangsúlyozni kívánt etikai tartalom alá rendelődve nem képesek „élővé" válni (Poore). A későbbi, Millerrel foglalkozó tanulmányokban, monográfiákban jórészt csak említés szintjén marad a regény, gyakran inkább csak témáját érintik, s a szöveget egyfelől az antiszemitizmus jelenségét problematizáló fontos műként, másrészt, mint a későbbi, a kirekesztés, illetve hatalom és egyén viszonyát vizsgáló Miller-drámák előzményét nevezik meg (Mason 144; Centola 211). Miller egyik legismertebb monográfusa, Christopher W. E. Bigsby szerint a könyv egyszerre „emlékezetes és bosszantó" („remarkable and disturbing"), méghozzá éppen a téma miatt: szerinte ugyanis a mű „politikai és társadalmi aspektusai olyan nyomást gyakoroltak a szöveg nyelvére, karaktereire és cselekményére, hogy a szerző mintha időnként más sürgető problémák oltárán áldozná fel az esztétikai jegyeket" (Bigsby, *Arthur Miller* 64).[1]

A regény elszórt recepciójában gyakorta érvényesül hasonló nézet: a legtöbbször afféle „szárnypróbálgatásként" aposztrofált művet kritikusai elsősorban témája miatt tartják érdekesnek, akár mint az Amerikában is megfigyelhető antiszemitizmus elleni egyik első erőteljes irodalmi támadást (Bigsby, *Remembering* 178), vagy egyenesen mint az első olyan amerikai művet, amely a holokausztról szól, és a korabeli amerikai-zsidó írónemzedéknek az Európában bekövetkezett szörnyűségekre adott kezdeti reakcióját közvetíti (Mesher 477– 78). Ez utóbbi némiképp visszavetített értelmezésnek tűnik, hiszen 1945-ben az amerikai közösség egyrészt még csak nagyon szórványos ismeretekkel rendelkezett a holokausztról, másrészt pedig, ahogy több, a témával foglalkozó kultúrtörténész kimutatta, a szörnyű események amerikai recepciója ekkoriban még a győzelmi narratívának rendelődött alá, az USA-beli tényleges holokausztdiskurzus jórészt egy évtizeddel később indult, a populáris kultúrában leginkább Anne Frank naplójának amerikai publikálásával, majd a Broadway-, illetve a filmváltozat megjelenésével kezdődött (Mintz 17–20).

Kétségtelen, hogy a mai olvasót meglepheti Miller regénye, szokatlannak tűnhet az antiszemitizmus ennyire nyílt

---

[1] „its social and political concerns exert such a pressure on language, character and plot, that at times its author seems to set aside aesthetic issues in favour of other urgencies".

tematizálása, a jelenség hétköznapi megnyilvánulásainak bemutatása és kritikája. Tulajdonképpen a mű megjelenési éve maga is hozzájárulhat a hatásához: 1945-ben, azaz a második világháború legvégén könyvet publikálni arról, hogy az antiszemitizmus mennyire erőteljes, már-már zsigeri, a New York-i kis- és középpolgárság életét elemi módon átszövő jelenség, mai szemmel meglehetősen hátborzongató, és némiképp kuriózumnak tűnhet. Miller későbbi szövegeiben többször és többféleképp is visszatér a zsidóság tapasztalata és az antiszemitizmus problémája: hol közvetlenül jelenik meg – például a világháborús témájú *Közjáték Vichyiben* (*Incident at Vichy*, 1965) vagy a kései, az amerikai zsidó identitást a nácizmus eseményeivel párhuzamba állító *Üvegcserepek* (*Broken Glass*, 1996) című drámákban, illetve *A fellépés* (*The Performance*, 2002) címet viselő kései novellában –, hol pedig közvetettebben mutatkozik, mint az *Alku* (*The Price*, 1968) zsidó bútorkereskedőjének figurájában. Talán e puszta felsorolás is jól mutatja, hogy mindenképpen érdemes lenne a Miller-életművet a zsidóság, a zsidó identitás és a holokauszt témái felől (újra)olvasni. E tanulmány célja azonban ennél jóval szerényebb. Alapvetően csak a *Gyújtópont*ra koncentrál, de kérdésfeltevései talán egy efféle átfogóbb újraolvasás kezdeti irányait is jelezhetik. Lényegében két problémára szeretnék összpontosítani. Egyfelől a művet a korabeli kontextusba visszahelyezve azt kívánom megvizsgálni, hogy a háború befejezésének időszakában milyen téttel bírt egy, az antiszemitizmus témáját közvetlenül felvető regény megjelentetése, a könyv milyennek mutatja be a korabeli amerikai antiszemitizmust, illetve a jelenség működésmódját, mélyebb okait. Másfelől a szöveg közelebbi elemzésén keresztül azt a problémát szeretném alaposabban körüljárni, hogy a téma mennyire determinálja a formát, a recepció által emlegetett esztétikai, irodalmi hiányosságok ténylegesen relevánsak-e, s ha igen, mennyiben következnek a regény tárgyából. Magyarul: a kritika által sokszor kárhoztatott didaktikusság – vagy, ahogy egy hazai elemző fogalmaz: tézisregény jelleg (Bollobás 605) – milyen viszonyban áll a téma

ARTHUR MILLER ÖRÖKSÉGE

erőteljes etikai-politikai tétjével, s a regény túl tudott-e lépni e tézisszerűségen. A kontextus vizsgálata során most nem annyira a Millerétetművön belüli témákkal való kapcsolódásokat keresem. Nem lenne nehéz ezeket kimutatni, akár a zsidó identitás korábban emlegetett más szövegei kapcsán, akár a hatalomnak való alávetettség, illetve a társadalmi visszásságok és szolidaritás kérdésköreinek folyamatos megjelenéseiben (az említetteken kívül például a *Pillantás a hídról* bevándorlókat érintő témájában vagy a *Salemi boszorkányok* történelmi allegóriájában — vö. Seress 35–42). Sokkal inkább, némi történelmi kitérővel, az antiszemitizmus korabeli jelenségét, illetve annak az irodalomban és a filmekben megjelenő kulturális reprezentációját szeretném röviden bemutatni.

Meglepőnek tűnhet, de tény: az antiszemitizmus az USA-ban az 1930-as, 1940-es években egyáltalán nem számított periférikusnak. Noha méreteiben és horderejében természetesen nem mérhető a korabeli európai viszonyokhoz, mindenesetre a társdalom sok szférájában megmutatkozó, erőteljes hatást kiváltó társadalmi jelenség volt, amely a gazdasági világválság és a második világháború idején tetőzött, 1945 után pedig nagyjából a következő két évtized során látványosan visszaszorult (Dinnerstein 150). Az 1930-as évek krízisének és részben az európai eseményeknek a hatására egyre erőteljesebben kibontakozó antiszemitizmus a háború elején, az USA belépése előtt összekapcsolódott az ország izolacionista törekvéseivel, pontosabban az Amerikát a háborútól távol tartani akaró, meglehetősen széles körben elterjedt nézet a zsidóellenesség táptalajául szolgált. Az amerikai antiszemitizmus történetét alaposan feltáró könyvében a történész Leonard Dinnerstein több olyan, az 1930-as évek végén, valamint az 1940-es évek elején született kérdőívet idéz, amelyek az idegenekkel szembeni attitűdöket vizsgálták, és szempontunkból meglehetősen megdöbbentő eredményeket mutattak. Például 1938-ban a megkérdezettek 36%-a vélekedett úgy, hogy a zsidóságnak túlságosan nagy hatalma van az országban, amely szám 1945-re 58%-ra ment fel. Egy másik, néhány évvel később született felmérés arra kérdezett rá, hogy melyik nemzet, vallási vagy faji csoport jelenti az amerikaiakra nézve a legkomolyabb fenyegetést. 1942 februárjában (azaz néhány hónappal a Pearl Harbour-i támadást követően) a válaszadók többsége (mintegy 24%-a) természetesen a japánokat nevezte meg, míg 18%-uk a németekre voksolt, különös módon azonban 15% a zsidókat tekintette a legfenyegetőbb erőnek. Még furcsább az, hogy két és fél év múlva, 1944 júniusában (vagyis a normandiai partraszállás idején) már átfordult a helyzet: ezúttal a válaszadók 24%-a szerint a zsidóság a legfélelmetesebb, míg mindössze 9% tartotta a japánokat és 6% a németeket veszélyesnek. Más felmérések is széles körű zsidóellenességről tanúskodtak. Általában, ha a kérdés nem külső fenyegető erőre vagy az országba beépült „titkos hatalomra", hanem a konkrét, a mindennapi életet meghatározó vallásra vagy rasszra vonatkozott, akkor a „leggyűlöltebb" kategóriában a zsidóság mindig a második helyen szerepelt – erőteljesen lemaradva az afroamerikaiak mögött, de sokkal „előkelőbb" helyen, mint a többi vallás vagy nemzetiség (Dinnerstein 131–32).

Több neves közéleti szereplő is antiszemita nézeteket vallott ekkoriban, ki burkoltabban (mint például Walt Disney), ki pedig nyíltabban (mint Henry Ford vagy a korábban nemzeti hősként tisztelt Charles Lindberg). Manapság már nem a legismertebb, de szempontunkból talán a legfontosabb az a katolikus pap, Charles Coughlin volt, aki az 1930-as évek végén rádióadásaiban, később pedig rövid életű, de annál nagyobb példányszámban megjelenő hetilapja, a *Social Justice* révén terjesztette uszító, antiszemita nézeteit. Maga Miller is megemlékezik Coughlin rádióműsorairól a *Kanyargó időben* című önéletrajzi művében. Egy helyütt az Amerika hadba lépését ellenző közvéleménnyel kapcsolatban említi a papot, aki „elmondta tízmillió, válság megnyomorította hallgatójának, hogy az elnök hazudik, zsidó bankárok és meglepő módon kommunisták befolyásolják, ugyanaz a banda, amelyik húsz évvel ezelőtt megszervezte az orosz forradalmat, és felesküdött rá, hogy 'Washingtonszkij'-ban is kirobbantja" (Miller, *Kanyargó időben* 1. köt. 111). Bár Coughlint közéleti szereplései miatt folyamatosan támadták, és 1942-re be kellett szüntetnie ezeket – mivel egyházi feljebbvalói némi állami nyomás hatására Coughlin további közéleti aktivitása esetén a papi titulustól való megfosztást helyezték kilátásba –, a nézetei hatására alapított antiszemita szervezet, a Keresztény Front tovább működött (Dinnerstein 132). Nem nehéz Coughlin alakjának hatását a *Gyújtópont* szónok papfiguráján észrevenni, ahogy a Keresztény Front mozgalma is fontos szereplővé válik a regényben.

Maga Miller egy későbbi szövegében a regény keletkezési körülményeit jórészt a második világháború alatti, a brooklyni hajógyár éjszakai műszakjában szerzett tapasztalataihoz kapcsolja. Mint írja,

> Nehéz lenne már megmondani, hogy saját, Hitler generálta érzékenységem vagy az antiszemitizmus maga késztetett oly gyakran csodálkozásra. Mire eljött a béke, teljesen átitatott minket a faj és a vallás nyers politikája – és nem délen, hanem itt, New Yorkban. Ahányszor csak szembe találtam magam a zsidókkal kapcsolatos valódi gyűlölet megnyilvánulásaival, mérhetetlenül elkeserített a nácizmus fenyegető léte, és az, hogy azok az emberek, akikkel napi tizennégy órán keresztül együtt dolgoztam, szinte fel sem fogták, mit is jelent egyáltalán a nácizmus. Szerintük alapvetően csak azért harcoltunk Németország ellen, mert az állam a Pearl Harbort megtámadó Japán szövetségese volt. Mi több, kétségkívül széles körben elterjedt az a vélemény is, hogy azért léptünk a háborúba, mert szövetségi kormányunkat titokban nagyhatalmú zsidók irányítják". (Miller, „The Face in the Mirror" 205).[2]

---

[2] „It is no longer possible to decide whether it was my own Hitler-begotten sensitivity or the anti-Semitism itself that has so often made me wonder whether, when peace came, we were to be launched into raw politics of race and religion, and not in the South, but in New York. In any case, whatever the actual level of hostility of Jews that I was witnessing, it vastly exacerbated in my mind by the threatening existence of Nazism and the near absence among the men I worked with fourteen hours a day of any comprehension of what Nazism meant – we were fighting Germany essentially because she had

CENTENÁRIUMI ÍRÁSOK MŰVEIRŐL

A háborút követően több olyan mű is született, amelyek az amerikai antiszemitizmust tették témájukká. Miller könyvén kívül talán a legismertebb Laura Z. Hobson hatalmas sikert arató regénye, a *Gentleman's Agreement* (Úri becsületszó, 1947), amelyet még ugyanebben az évben követett a mű filmváltozata. A mozi még ismertebb lett: elnyerte a legjobb filmnek járó Oscar-díjat, rendezőjét, Elia Kazant pedig a legjobb rendezésért járó jutalomban részesítették. Ugyanebben az évben egy másik hollywoodi mozi, a *Crossfire* (Kereszttűz) című film noir történetében is kiemelt szerepet játszott az antiszemitizmus. Nagyon fontos azonban, hogy ez a két, igen sikeres film meglehetősen sajátos módon viszonyul a zsidógyűlölethez. A hollywoodi filmszisztéma és az antiszemitizmus viszonyát vizsgáló könyvében Steven Alan Carr amellett érvel, hogy mindkét mozi egyfajta aberrációként, az amerikai szellemiséggel összeegyeztethetetlen jelenségként mutatja be az antiszemitizmust – azaz olyan ártalmas kórként, amely a demokrácia megerősítésével legyőzhető (281). Kétségkívül mindkét film afféle veszélyes tünetként ábrázolja a zsidóellenességet, amely az amerikai társadalom számos elemében megjelenik ugyan, de tulajdonképpen logikátlan, minden szempontból ellentmond a józan észnek. Ez különösen erős a *Crossfire*-ban, ahol egy gyilkossági ügy nyomozását kísérhetjük figyelemmel, s a film végére kiderül, hogy az emberölés indítéka az engesztelhetetlen zsidógyűlölet volt, ám a bűntettet egy olyan ellenszenves, kezdettől fogva némiképp megszállottnak tűnő katona követte el, akit a reflektálatlan és átgondolatlan előítélet vezérelt. Némiképp összetettebb a *Gentleman's Agreement* története: itt a főszereplő újságírónak (a filmben Gregory Peck alakítja) cikksorozatot kell írnia az antiszemitizmus témájáról. Sokáig nem találja a megfelelő

---

allied herself with the Japanese who had attacked us at Pearl Harbor. Moreover, it was by no means an uncommon remark that we had been maneuvered into this war by powerful Jews who secretly controlled the federal government".

nézőpontot, majd eszébe jut, hogy mivel nemrég költözött New Yorkba, és szinte senki sem ismeri, zsidó származásúnak állítja be magát – így „testközelből" szemlélheti az előítélet működését. A filmben láthatjuk, hogy az ötlet mennyire „sikeres" lesz – túlságosan is, hiszen a főhőst egyre több atrocitás éri. Egy, a Miller-regény egyik epizódjára erősen hajazó jelenetben például szállodai foglalását visszamondják, amikor megtudják „származását", sőt, később még kisfiát is csúfolni és bántalmazni kezdik az iskolában.

Mindkét film olyan kulcsjelenetekre épít, amelyekben egy-egy szereplő mintegy rezonőrként elmondja a véleményét az antiszemitizmusról, illetve arról, hogy a jelenség milyen káros és mennyire ellenkezik az amerikai demokrácia eszmeiségével. Emellett a filmek egyértelműen egyfajta egyetemes kontextusba helyezik az antiszemitizmus jelenségét. A *Crossfire* egyik jelenetében (amely, fontos megjegyezni, kissé kilóg az egyébként jól felépített, feszes bűnügyi történetből) pontosan felvázolódik a tágabb kontextus, méghozzá az idegenekkel szembeni, évszázadok (vagy az idők kezdete) óta tartó gyűlölet. A rendőrfelügyelő a koronatanúnak elmeséli nagyapja, az Amerikába kivándorolt katolikus ír férfi halálának történetét. A család hajdan ugyanúgy bevándorlóként jött az új földrészre, mint mindenki, csupán ír dialektusuk és katolikus vallásuk különítette el őket a többi amerikaitól. Egyszer csak az írek elleni gyűlölet terjedni kezdett, „mint egy járvány", és, ahogy a felügyelő fogalmaz, hirtelen amerikai állampolgárból idegenné vált. „A dirty Irish Mick", „a priest lover", „a spy from Rome", „a foreigner trying to rob men of jobs" – sorolja a szereplő a derogáló kifejezéseket egészen közel, a kamerába hajolva, mintha nem is a tanúhoz, hanem egyenesen a nézőhöz szólna (*Crossfire*, 1947). E gyűlölet a nagyapa meggyilkolásához vezetett, és a felügyelő egyértelmű analógiát lát a hajdani eset és a mostani antiszemita emberölés között. Szerinte bármikor, bárkivel megtörténhet mindez: tegnap az írek, ma a zsidók, holnap talán a protestánsok vagy a csíkos nyakkendősök kerülnek sorra.

A *Gentleman's Agreement* végén, amikor a főhős leleplezi magát, és megjelenteti a *Zsidó voltam nyolc hétig* című cikksorozatát, két fontos jelenet is tágabb kontextusba helyezi az antiszemitizmust és a vele kapcsolatos reakciókat. Az egyikben a főszereplő csodálkozó titkárnőjét „osztja ki", mintegy kinyilatkoztatva, hogy semmi sem változott rajta a múlt héthez képest – ugyanaz a kéz, ugyanaz az arc, ugyanaz a test áll itt előtte, csupán egyetlen szó a különbség: keresztény. Nem sokkal később, egy másik epizódban a hős menyasszonya és zsidó barátja beszélget az antiszemitizmusról, és a nő itt is egy parabolisztikus-analogikus történettel világít rá (önmagának és – természetesen – a nézőknek) a „hétköznapi antiszemitizmus" lényegére: nemrég egy társaság egyik tagja egyértelműen rasszista, degradáló szavakkal viccelődött (a szövegben „kike" és a „coon" szavak szerepelnek). A társaság kényelmetlenül feszengett, de (a történet mesélőjét is beleértve) senki sem tett semmit, az „udvariasság" hamis álcája mögé bújva asszisztáltak. Ahogy a nő elmeséli a történetet, maga is megvilágosodik, és rájön, hogy az antiszemitizmus éppen amiatt működhet, hogy az átlagember a belénevelt udvarias, konfliktuskerülő magatartásmód miatt nem tesz semmit a szélsőségek megfékezéséért (*Gentleman's Agreement*, 1947).

Mindkét műnél megfigyelhetők olyan narratív jegyek, amelyeket talán nem túlzás némiképp általánosítani, és a korabeli antiszemitizmus elleni diskurzus (sőt, tulajdonképpen az általában vett ilyen jellegű beszédmód) tipikus elemeinek tekinteni. Az egyik ilyen az általános érvényűség, amely kettős értelemben is felfogható. Egyfelől az antiszemitizmust alapvetően nem a zsidók és nem is a gyűlölködők szemszögéből mutatja be, hanem a kívülállókéból. A *Crossfire* esetében ez nagyon látványos, hiszen a film egyetlen zsidó szereplője maga a meggyilkolt férfi, azaz gyakorlatilag a mű kezdetétől passzív, néma, áldozati pozícióban van. A *Gentleman's Agreement*ben a főszereplő saját elhatározásából lép be az antiszemita diskurzus játéktérébe, és az ő döntésén múlik, mikor lép ki belőle. Vagyis mindkét, az antiszemitizmus problémáját tematizáló mű a köztes terepet, a jelenségben közvetlenül nem érintettek perspektíváját célozza – nyilván ideális befogadója is ez a társadalmi réteg.

Másfelől mindkét alkotásnál univerzalizálódik a jelenség, elveszíti konkrét kontextusát, és beillesztődik a megkülönböztetések és üldöztetések általános emberi históriájába, azaz a „balgaság kultúrtörténetének" egyik gyakori, de a többitől lényegében nem különböző megnyilvánulásává válik. Mindez persze önmagában nem feltétlenül probléma, hiszen az antiszemitizmusnak a rasszizmus és az idegengyűlölet más megnyilvánulásairól való leválasztása talán túlságosan is „egyediesítené" a jelenséget, azaz (a későbbi holokausztmagyarázatoknál is gyakorta előforduló módon) a kiválasztottság-tudat teológiai attitűdjével látná el azt. Inkább a túláltalánosítás, a történelmi kontextus negligálása lehet kérdéses, valamint az, hogy az adott művek éppen mivel képeznek analógiát, és milyen lehetséges összehasonlításokat hagynak figyelmen kívül. A *Crossfire* említett beszélgetése jól példázza ezt, különösen, ha figyelembe vesszük a film keletkezési körülményeit, és az alapjául szolgáló eredeti regénnyel, Richard Brooks 1945-ben megjelent *The Brick Foxhole* című művével való viszonyát. A könyv ugyanis, bár szintén alapvetően az antiszemitizmus kérdéseit feszegette, más, akkoriban kényesnek számító témákat is érintett, elsősorban a homoszexualitást. A sikeres regény a megfilmesítés során több lényegi átalakításon ment keresztül: gyakorlatilag már az első forgatókönyv-változatból gondosan kihagytak minden, a homoszexualitásra utaló jegyet, sőt, a stúdió kérésére az alkoholizmus és a prostitúció problémáinak megjelenését is jócskán tompították. Az egyik korai verzióban az antiszemitizmust még szélesebb kontextusban mutatták volna be, hosszabb magyarázó részt akartak beilleszteni, amelyben analógiaként az írek mellett az afroamerikaiakkal szembeni fajgyűlölet és üldöztetések szerepeltek volna, ezt azonban a stúdió vezetői ismét elutasították, attól félvén, hogy túl sok kényes társadalmi problémát érintett volna a film (Naremore 114–18).

CENTENÁRIUMI ÍRÁSOK MŰVEIRŐL

A harmadik összetevő az előzőhöz kapcsolódik: e művekben erőteljesen érvényesül a példázatszerűség, a sztereotipizálás. Mindkét film látványos karakterekkel dolgozik: a *Crossfire* vigyáz arra, hogy antiszemita tettese egy pillanatra se nyerhesse el a nézők szimpátiáját, a *Gentleman's Agreement* pedig éppen főhősábrázolása (és persze főszereplője, Gregory Peck) révén az antiszemitizmus elleni küzdelmet egyfajta „magányos hős" jellegű kalandfilm-kontextusba helyezi, ahol a főszereplőnek egyedül kell megküzdenie a körülötte lévő ellenséges erőkkel, hogy a cikk megírásával az igazság diadalmaskodhasson, és a kezdetben ingatag, a probléma lényegét nem értő, majd a cikk és a férfi viselkedése révén megvilágosodó szerelme kezét is elnyerhesse. Ez a sztereotipizálás persze éppen a művek témájával és szándékos didaxisával függ össze, mivel az antiszemitizmusról beszélve *nemcsak* a konkrét antiszemitizmusról, hanem tágabban, példaszerűbben az általában vett előítéletekről akarnak szólni.

A tanulmány egyik kiindulópontjához visszatérve és Miller művét is az elemzés keretébe vonva felmerül az az alapkérdés, hogy ha az antiszemitizmust tárgyaló művek legfőbb eljárásmódjai a didaxis, a sztereotipizálás és az általánosítás, ezzel tulajdonképpen nem magát az antiszemita diskurzus játékszabályrendszerét játsszák-e újra, csak ellenkező előjelekkel és némiképp finomabb eszközökkel. Magyarul, e művek némi hasonlóságot mutatnak az antiszemita propagandaszövegek és -filmek struktúrájával, mindössze a másik oldalnak adva igazat: sztereotip karakterekkel és szituációkkal nem egy faj alsóbbrendűségét és gonoszságát jelenítik meg, hanem az ilyesféle nézőpontok hazugságát. A félreértés elkerülése végett fontos leszögeznem, hogy *nem* a két diskurzus egyenrangúságát állítom, mi sem állna távolabb tőlem, mint az antiszemita propaganda és az antiszemitizmus elleni megnyilvánulások egy szintre helyezése. Legalábbis etikailag semmiképp se lenne legitimálható ez az eljárás, ám narratív struktúrájuk, retorikai stratégiáik hasonlóak, amennyiben az ilyen jellegű szövegek, filmek alapvetően, bahtyini értelemben monologikusak: nem különböző szólamok párbeszéde, vitája zajlik bennük, hanem

ARTHUR MILLER ÖRÖKSÉGE

egy adott főszólam igazának érvényesítése. Ez pedig azért lehet fontos probléma, mert, ahogy egy tanulmányában Paul Ricoeur fogalmaz, az erőszak nyelvi megjelenése a kizárólagosítás, az, ha a diskurzus bizonyos elemeit a beszéd egészére, minden lehetséges formájára érvényesnek tekintjük. Ezzel szemben, amint azt a francia filozófus kifejti, az erőszakmentesség nyelvi megnyilvánulása nem más, „mint teret engedni a nyelvek pluralitásának, változatosságának" (Ricoeur 136). Mindez a művészi szöveg szintjén azt jelenti, hogy a didaxis, legyen etikailag bármennyire is legitim, a szövegre rátelepedve a pluralitást oltja ki, s így maga is az erőszak elemévé válhat, amennyiben elejét veszi a többértelműség, dialogicitás lehetőségének.

A fő kérdés az, hogy Miller regénye mennyiben felel meg a fenti sémának, és képes-e kilépni az antiszemitizmusról szóló művek paradoxonjából. Ennek vizsgálatához kétlépcsős stratégiát követek. Első körben a regény azon elemeit mutatom be, amelyek alapján joggal kritizálhatták és nevezhették tézisregénynek, majd igyekszem rávilágítani a szöveg azon összetevőire is, amelyek tágíthatják ezt az értelmezést, és a mű sokrétűbb, dialogikusabb olvasatát teszik lehetővé.

A mű alaptörténete sok tekintetben beteljesíti a korábbi, az antiszemitizmust tematizáló narratívák jellegzetességeit. Főszereplője ismét egy kívülálló, Lawrence Newman, aki, legalábbis a regény elején, közvetlenül nem érintett a problémában: ő maga nem zsidó, különösebben nem foglalkozik a kérdéssel, pontosabban passzívan befogadja és öntudatlanul is működteti a környezete által beplántált előítéleteket. Mindennap újságot vesz a sarki zsidó boltostól, Finkelsteintől, de vigyáz, hogy ne érjen hozzá a férfihoz – bár viszolygását nem Finkelstein származásával, hanem a boltjából kiszűrődő ételszaggal magyarázza. A regény úgy ábrázolja a körülötte lévő New Yorkot, mint amit teljesen átitatott az antiszemitizmus. Az aluljáróban virítanak a zsidóellenes falfirkák, a főhősnek pedig egy nagyvállalat személyzetiseként az a legfőbb feladata, hogy a gépírónői állásra jelentkezőkkel elbeszélgessen, és lehetőleg kiszűrje a zsidókat. Szomszédja,

Fred vállaltan antiszemita, a többi környéken lakóval együtt szervezkednek az utcába települő zsidók (azaz Finkelstein és családja) ellen, majd, ha ez sikerül, távlati tervként a környékbeli „bevándorlók" ellen is. Az antiszemitizmus itt is beilleszkedik az idegengyűlölet szélesebb kontextusába: a regény nyitójelenetében Newman éjszaka a háza ablakából látja, ahogyan egy nőt molesztálnak az utcán. Nem siet a segítségére, nem tesz semmit: kényelemből, gyávaságból, majd spanyolos kiejtését hallva azzal nyugtatja magát, hogy a nő „nem tisztességes szándékkal csavargott az éjszakában", és „tud vigyázni magára, rég megszokhatta már az ilyen bánásmódot" (Miller, *Gyűjtőpont* 7). Később, éppen a Freddel való beszélgetés során kiderül, hogy az egyik szomszédjuk részegen bántalmazta a nőt, és senki sem értesítette a rendőrséget. Néhány lakó kiment ugyan, de leginkább azért, hogy ittas barátjukat ágyba tegyék, a „betolakodó" idegen nőt pedig elzavarják.

A korábban említett példázatosság és sztereotipizálás bizonyos tekintetben itt is megfigyelhető, de jóval árnyaltabban, mint a korábbi esetekben. Bár a regény legtöbb figurája az üldöző vagy az áldozat pozíciójában van, a szövegben nagy hangsúlyt kap a szerepek bizonytalansága, illetve az ideológiák képviselőinek opportunizmusa. Az antiszemita szereplők közül talán egyedül a pap (minden bizonnyal Charles Coughlinról mintázott) figurája, a tömeggyűlés szónoklatának őrülete jelzi egyértelműen a mozgalom fanatizmusát, a gyűlöletkeltés nyílt mechanizmusát. A többi karakter tipikusan gyáva, nézetei mellett nyíltan kiállni nem merő, csak a közös gyűlések, baráti összejövetelek „akolmelegében", a sötét utcák és a túlerő biztonságában tevékenykedni kész idegengyűlölő. Jellegzetes példája ennek Fred, aki, bár minden helyi megmozdulásban szerepet vállal, sohasem ismer el semmit, a konkrét, nyílt kiállást mindig kerüli. A másik ilyen „tipikus" szereplő Newman felesége, Gertrude. A nő tulajdonképpen antiszemita is, meg nem is. Pontosabban egyértelműen az, amennyiben nem jelent számára problémát a kérdés: a zsidóknak menniük kell az utcából, jogos a kitaszításuk, nem lehetnek egyenrangúak a „keresztény fehér

ARTHUR MILLER ÖRÖKSÉGE

amerikaiakkal". Hogy miért, arra azonban már nem tud válaszolni. Amikor a regény vége felé egyre többször vitatkozik férjével a kérdésről, lényegében nincsenek indokai azzal kapcsolatban, hogy miért lenne jogos Finkelsteint elűzni az utcából. Érvelése erősen tautologikus: a zsidókat azért kell elkergetni, mert zsidók, és mert a zsidókat el kell kergetni. Az is kiderül róla, mennyire felszínes és mennyire csak a látszat érdekli: Newmannel való megismerkedése során énekesnőnek hazudja magát, arról mesél, hogy korábban milyen filmsztárokkal randevúzott. Hamar nyilvánvalóvá válik, hogy ebből semmi sem igaz, a nő egyetlen korábbi kapcsolata fontos csak: azelőtt egy másik városban a Keresztény Front egyik aktivistájának barátnője volt, így jól ismeri a mozgalmat.

A példázatosság másik elemét a regény analogikus funkcióval bíró betéttörténetei adják. Három ilyen van, nagyjából a mű elejére, közepére és végére helyezve, fő funkciójuk pedig az, hogy, némiképp a *Crossfire* ír nagyapatörténetéhez hasonlóan, a szövegvilág jelenével valamilyen kontrasztot vagy párbeszédet képezzenek. Az első az említett Puerto Rico-i nő megtámadásának epizódja, ahol nemcsak az áldozatok kiszolgáltatottsága és a környezet passzivitása mutatkozik meg, hanem éppen az említett Newman-gondolaton keresztül (ha idegen, akkor biztosan megérdemli, ami történik vele) az a kettős magatartásmód is, ami a főszereplőt és az általa képviselt társadalmi réteg rejtett rasszizmusát jellemzi. Itt ugyanis a rasszizmus inkább a passzivitás következménye: azért „nyugtatja" magát Newman e gondolattal, mert gyáva cselekedni. Evidenciaként vett magyarázata később globalizálódva főként Gertrude érvelésében köszön vissza, aki egy helyütt így csattan fel, amikor Finkelstein elüldözéséről vitatkoznak, férje pedig a zsidó boltos ártatlanságát hangoztatja: „Mi az, hogy nem bántott senkit? Akkor miért van mindenki ellene?" (Miller, *Gyújtópont* 228). A Puerto Rico-i nő megtámadásának jelenete tehát mintegy előzetes magyarázatot kínál a rasszizmus játékszabályaira: olyan evidenciák alapján működik, amelyeket nem kell megmagyarázni, mindenki adottnak veszi (a Dél-

Amerikából származó nők *alapvetően* prostituáltak, a zsidók *alapvetően* mások, semmi keresni valójuk a keresztények között). Olyannyira, hogy a logika megfordul: Finkelsteint nem azért üldözik, mert valami rosszat tett volna, hanem *bizonyosan rosszat tett, hiszen üldözik.* A kivétel csak erősíti a szabályt, ahogy például Newman egy helyütt Finkelsteinnek elmondja, vele személy szerint semmi baja, becsületes embernek tartja, de érthető, hogy miért nem szeretik a zsidókat, hiszen „nincsenek erkölcsi elveik", továbbá az üzletben „csalnak, és kihasználják a helyzetet" (Miller, *Gyújtópont* 197). Ez tipikusan az az érv, amellyel sajnos a hétköznapi életben is oly sokszor találkozunk, nagyjából ilyen formában: személy szerint semmi bajom a ... -kal (ide bármelyik, megbélyegezni kívánt népcsoportot behelyettesíthetjük), vannak ... barátaim, de kétségtelen, hogy a ... (és itt jön valamilyen általános, a beszélő szerint a csoport egészére igaz tulajdonság: lusták, élősködők, világösszeesküvést szerveznek stb.). Ez a gondolatmenet már a megnevezés grammatikai alakjában is látensen megmutatkozik. Ahogy a filozófus, Berel Lang, „a zsidók" kifejezés határozott névelőjét vizsgálva kimutatta: a határozott alak itt paradox módon éppen az általánosítást, a konkrét személyek felett átnyúló kollektív akarat kifejeződését jelöli, ahol az ideológia már a grammatikai használatot is megfertőzi, és mivel a kijelentés empirikusan nem ellenőrizhető, semmilyen ellenérv nem működik vele szemben (Lang 70).

A második példázat nagyjából a regény közepén található, és a tradicionális zsidó szájhagyomány történelmi mondáinak műfaji sajátosságait mutatja, némiképp talán Isaac Bashevis Singer későbbi műveire emlékeztetve. A történetet az édesapja sírjához látogató Finkelstein idézi fel, és történelmi távlatba helyezi a zsidóüldözéseket, illetve a dolog időtlenségét, állandó ismétlődését hangsúlyozza. Pontosabban ezt lenne hivatott hangsúlyozni, de működése kissé az első analógiáéhoz hasonlít, amennyiben ez is készen vett evidenciák ideologikusságát fejezi ki. Itt a másik oldal, az áldozat szerepe problematizálódik. A Lengyelországban játszódó történet zsidó főszereplője, Icig a házaló, belekényszerül az áldozat szerepébe, amelyet készséggel végig is játszik. Miután a helyi parasztok kirabolták a földesúr kastélyát, a báró Iciget küldi közéjük, hogy adja el nekik a termékeit. A zsidó kereskedő számára hamar kiderül az ügylet célja: miután a rabolt pénz valódi értékét nem ismerő parasztoknak minden ócskaságát eladta, a báró pogromot szervez, és legyilkoltatja Icig egész családját, így a zsidót kihasználva különösebb fáradság nélkül vissza tudja szerezni a vagyonát. A történet végén újabb analógiát kapunk: Icig a bibliai Jóbként ül a földön, és bámulja a felkelő napot, majd beleőrül veszteségeibe, és haláláig nem nyer megnyugvást. Icig és Jób összevetése az igaz ember szenvedését valamiféle isteni tervnek rendeli alá, ahogy maga a történet is úgy él tovább, s jár apáról-fiúra, mint valami, a zsidóság örök üldöztetésének törvényét alátámasztó metanarratíva. Finkelsteinben a sír előtt felidéződik, hogy apja mindig szóról-szóra, változtatás nélkül adta elő a történetet, s a tanulságot így fogalmazta meg: „Mit is tehetett volna még Icig? Csak azt, amit tenni kényszerült. Akármit is tett volna, tudta, hogy a vége csak ez lehet, és ezen nem lehet segíteni. Ez a történet egész tanulsága" (Miller, *Gyűjtőpont* 174).

A történet tehát éppen arra világít rá, hogy üldöző és üldözött együtt játsszák a játékot, az áldozat ugyanazon szabályrendszer alapján viselkedik, engedelmesen belebújik szerepébe, meg sem próbálja megtörni a világ vélelmezett rendjét. Míg a Puerto Rico-i nő jelenete a „idegen és üldözött, tehát bűnös" kicsavart logikáját szemlélteti, addig e történet az „idegen és üldözött, de ez a világ rendje" beletörődő magatartásának példája. Legalábbis a regény jelenéig, ugyanis a történet apja sírjánál való felidézésével Finkelstein éppen ezt nem hajlandó elfogadni, úgy dönt, hogy nem játssza el a rá kirótt szerepet, nem költözik el az utcából, ha kell, harcolni fog.

A harmadik analogikus jelenet a könyv vége felé található, funkciója pedig a szöveg narratív ívének (és a főhős fejlődésvonalának) illusztrálása. Ezúttal egy filmet néznek a szereplők, amely, a korszakban talán meglepő módon, a németek megszállta európai övezetben játszódik, és a zsidógyilkosság témáját érinti. A film története szerint a német hódítók elfogott zsidókat akarnak kivégezni, de a helyi zsidó közösség megmaradt tagjai és egy (valószínűleg katolikus) pap szembeszállnak velük, és nem győznek, nem győzhetnek ugyan, de legalább megpróbálnak tenni valamit a gyilkosság ellen, nyíltan kifejezik tiltakozásukat. A film és a nézőközönség között különös interakció zajlik: mindenkit kényelmetlenül érint a történet, valaki nevetgél és provokál, de az illetőt senki sem meri rendre utasítani. Az erkölcsi helytállást szemléltető mozi által kiváltott feszültség, valamint a provokátorral szembeni passzivitás tehát ismét a szolidaritás hiányát és a cselekvésképtelenséget szemlélteti, valahogy úgy, ahogy a *Gentleman's Agreement* említett történetében a zsidóvicc mesélője és a mondandóját kínosan végighallgató közönség egymásra utalt viszonya, vagy a Miller-könyv elején a Puerto-Rico-i nő támadója és az őt gyáván figyelő Newman cinkossága.

A regény végén a dolog az ellenkezőjébe fordul át: a moziból hazafelé tartó Newmanéket támadják meg (valószínűleg a Keresztény Front emberei). Newman felesége gyáván elrohan, sorsára hagyva a férfit, akinek Finkelstein siet a segítségére. Ezután Newman nem fogadja el Gertrude megalkuvó ajánlatát, a kiengesztelődést Freddel és rajta keresztül a Keresztény Fronttal, hanem a rendőrségre megy, és önmagát is zsidónak vallva feljelentést tesz. A regényt záró gesztus Newman történetét látszólag fejlődésregénnyé teszi: a mű végére nemcsak a kitaszítottakkal való sorsközösséget vállalja fel, hanem az Icig-történetre adott Finkelstein-féle reflexióval és a moziban látottakkal összhangban a passzív szemlélő-áldozatból immár az előítéletek ellen nyíltan fellépő, felelős új ember válik – ahogy erre neve („new man") is sokatmondóan utal. Így a történet maga is példázat lesz, a kirekesztéssel kapcsolatos különböző attitűdök ábrázolása, és a Newman által képviselt embertípus belső fejlődésének bemutatása.

Ha a regény mindössze ennyi lenne, akkor messzemenően releváns lenne a kritika, és a Bildungsroman műfaján keresztül olyan tézisregényként működne, amely cizelláltabban ugyan, mint a *Crossfire* és a *Gentleman's Agreement*, de lényegében ugyanazt a sémát játssza ki, monologikus struktúrájában az általa képviselt nézet feltétlen igazát hirdetve. Véleményem szerint azonban van a regénynek néhány olyan eleme, amely sokrétűbbé teszi az értelmezést, és a problémát is szélesebb kontextusban láttatja. Mindez pedig a regény egyik legfőbb, a mű címében is jelzett metaforikus motívuma, a látás különböző aspektusai révén valósul meg.

Korábban azt írtam, hogy Newman a kívülálló figuráját reprezentálja, hiszen ő maga nem zsidó, mindössze belekeveredik az eseményekbe. Mindez nem teljesen igaz, hiszen a történet elindítója, és Newman átalakulásának fő motiválója éppen az, hogy látásának romlása folytán szemüveget kell hordania, és emiatt külseje átalakul, mindenki zsidónak hiszi. A történet több szinten is ironikus, és az iróniát éppen a különböző látásmódok, eltévesztett szemléletek, rosszul fókuszált tekintetek okozzák. Newmant senki sem hiszi zsidónak, amíg nem visel szemüveget, ám fő munkahelyi feladatát, hogy a hivatalból kiszűrje a zsidó származású jelentkezőket, éppen látási hiányossága miatt nem képes teljesíteni. Vagyis hivatalára alkalmas, mert *nem zsidó*, de közben alkalmatlan, mert *nem lát jól*, nem veszi észre a jelentkező árulkodó külső jegyeit. Feletteseinek ez feltűnik, és Newmannek szemüveget kell hordania, amelynek két következménye lesz. Immáron feladatát „tökéletesen" képes végrehajtani, amit a legközelebbi alkalommal be is bizonyít: gyanús származása miatt kirostálja a következő jelentkezőt, aki nem más, mint Gertrude, a későbbi felesége. A másik eredmény pedig, hogy Newman megfelelő látása éppen főnökei szemléletmódját téveszti meg: mivel szemüvege miatt zsidónak hiszik, finoman távozásra kényszerítik.

A Gertrude felvételi beszélgetését bemutató jelenet legfőbb iróniája az, hogy tulajdonképpen mindketten zsidónak nézik a másikat, és mindkét fél a vélt külső jegyek alapján kategorizálja a szemben ülőt. Newmant eleinte kifejezetten vonzza a nő, érzéki vágyat érez iránta, majd egy pillanattal később, önmagának sem vallva be, ráaggatja az adott embertípus rubrikáját. Az elutasítás hatására pedig Gertrude-ban születik meg ugyanez az ítélet. Pontosabban, mivel végig Newman a fokalizáló, az ő perspektívájából látjuk az eseményeket, lényegében a férfi *úgy látja, hogy a nő szemében ő a zsidó*. Mindezt egy rövid ideig érzékeli is, egy röpke megvilágosodásszerű pillanatra rájön, hogy minden, zsidókkal kapcsolatos ellenérzése tulajdonképpen a saját attitűdjének a világra vetítéséből fakad. Mint olvashatjuk, ahogy a nőre nézett, „ráeszmélt arra, mért vetette a zsidók szemére rossz természetüket, csalásukat és különösen érzékiségüket.... Most hirtelen megértette, hogy mindez saját érzéki vágyainak visszatükröződése volt, saját bűneit ruházta át rájuk. Ebben a percben tudta ezt, és azt is, hogy talán soha többé nem fogja ilyen tisztán látni, mert ennek a nőnek a szemében egy percre zsidóvá változott, és fellobbanó vágya tartotta vissza attól, hogy tiltakozzék" (Miller, *Gyújtópont* 42-43).

Vagyis kettős játszma zajlik: Newman elutasítja a nőt, mert vágyik rá, (valószínűleg emiatt) zsidónak bélyegzi, és gyűlöli, mert szerinte a nő tartja őt zsidónak. A helyzet fő iróniája az, hogy egyikük sem zsidó, de környezete mindkettőjüket *bizonyos helyzetekben annak látja*: Newmant miután szemüveget kezd viselni, Getrude-ot pedig időnként, az adott kontextustól függően (Fred például Newman zsidóságának bizonyítékát látja abban, hogy – szerinte – zsidó nőt vett feleségül).

A látás és a fókusz a regény szervező metaforájaként látszólag egyszerű: a rövidlátó Newman szemüvegével képessé válik a megfelelő fókuszálásra, fokozatosan megtanulja a helyes látásmódot, a regény végére a bevett sztereotípiákat levetkőzve sikerül megfelelően viszonyulnia a kirekesztéshez, az üldözött szerepét vállalja, de az áldozatét nem. Azonban, ahogy a korábbi részletben is megfigyelhettük, a látásmód azért zavaros és azért nem működhet normálisan, mert a látáshoz kapcsolódó minden tényező *eleve ideológiával terhelt*. Senki sem képes itt színről-színre látni, nincs objektív szemléletmód. Amíg Newman jól látott, el tudta végezni a feladatát a munkahelyén, a látvány alapján ki tudta szűrni a zsidó jelentkezőket, de amint szeme rosszul fókuszál, elkövet egy hibát, felvesz egy zsidó alkalmazottat (legalábbis a vezetőség zsidónak látja), emiatt szemüveget kell hordania. Szemüvegesen pedig a legújabb jelentkezőbe, későbbi feleségébe belevetíti érzéki vágyait és szégyenét, ezért zsidónak nézi, majd felháborodva küldi el, mert úgy látja, hogy a nő őt hiszi zsidónak. A szemüveges Newmant a munkahelyén szintén zsidónak kezdik nézni, ahogy otthon, saját szomszédjai is – különös, hogy szemüveg nélkül eddig senkinek sem jutott eszébe róla ez a sztereotípia. Ahogy felveszi a szemüveget, maga Newman is zsidóként látja magát a tükörben. Érdemes ezt a részt hosszabban idézni, hiszen retorikája sok mindenről árulkodik. Mint olvashatjuk:

> Fürdőszobája tükrében – abban a fürdőszobában, amelyet immár majdnem hét éve használt – olyasvalamit látott, amit leginkább egy zsidó arcának nevezhetnénk. Lényegében egy zsidó volt a fürdőszobájában. A szemüveg pontosan azt tette az arcával, amitől félt, de ez még rosszabb, mert valóságos volt. ... A lencsék megnagyították szemgolyóit, a zacskók megfakultak, elmosódtak, de a szemek valósággal kidülledtek. A szemüveg összenyomta fényes hajjal borított koponyáját, és erősen kiemelte az orrát, amely eddig kissé hegyesnek látszott, most azonban határozottan horgas volt. ... Fogai mindig szabálytalanok voltak, de most egészen sértő módon torzították el ajka vonalát, ravasz, kétszínű fintorrá változtatták mosolyát. Arca próbált örömöt színlelni, de ezt az erőlködést véleménye szerint egyből leleplezte szemita módon kidudorodó orra, dülledt szemei, és fülei, amelyek mintha csak hallgatóznának. Az egész arca előreugrott, gondolta, mint egy hal pofája. (Miller, *Gyújtópont* 32–33; – a fordítást több helyütt módosítottam [K. T.], vö. Miller, *Focus* 24–25).

A fenti leírásból azonnal szembetűnik, hogy nem arról van szó, hogy Newman zsidó jellegzetességeket lát az arcán (jelentsen ez bármit), hanem egy antiszemita szemével látja és jellegzetes antiszemita retorikával mutatja be saját vonásait. Hiszen nem egyszerűen zsidós karakterről beszél itt a szöveg, hanem olyan szófordulatokat, olyan pejoratív jelzőket („ravasz, kétszínű" – „cunning, insincere"; „szemita módon kidudorodó" – „Semitic prominence" stb.) használ, amelyek a leggonoszabb antiszemita szövegekben fordulnak elő. Vagyis Newman helyes látása ismét megkérdőjelezhető, amennyiben nem önmagát szemléli a tükörben, nem is azt látja, hogy a szemüveg jól vagy rosszul áll rajta, hanem valószínűleg rejtett, belső félelmét, azt, hogy ő is bármikor a megbélyegzett áldozatok közé kerülhet. Vagyis nem egy zsidó volt a fürdőszobában (hogy a szöveget idézzük), hanem egy öntudatlan antiszemita, aki saját félelmeinek tükörképét bámulja.

A látással kapcsolatos képiség egyfajta folyamatos szövegszervező erővé válik, mivel újra és újra bebizonyosodik: a dolgok sohasem azok, aminek látszanak, pontosabban nincs egyféle nézőpont, csak különböző ideologikus szemléletmódok vannak. Akárcsak a Finkelstein történetében szereplő parasztok esetében – hogy még egy példát említsünk –, akik kifosztják földesurukat, és elviszik a birtokon található összes, a királyt ábrázoló képecskét, hogy aztán otthonukat ezzel tapétázzák ki. Ezek a képek természetesen bankjegyek, rajtuk a király képmásával, amelyeket a parasztok nem pénznek látnak, azaz nem kapcsolják hozzá a gazdasági rendszerben ráaggatott szimbolikus tartalmat. De nem is annak tekintik, ami valójában, azaz értéktelen papírdarabnak, hanem egy másik szimbolikus, ideologikus rendszerben mozogva, a király képmásának, hiszen ezt ismerik, földesuruk régebben elrendelte, hogy „otthon mindenki köteles kiakasztani a király képét a feszület mellé" (Miller, *Gyújtópont* 170). Ami a földesúrnak értékes pénz, a parasztoknak pedig a király portréja, az a zsidó házaló, Icig számára sorsának beteljesítőjévé, az antiszemita pogrom apropójává válik.

A fenti példák sora tovább bővíthető, s a látásmódok ideologikussága még egy, globálisabb szinten is megjelenik. Többnyire Newman szemléletmódja van az elbeszélői fókuszban, az ő gondolkodásmódja, látása és látványtulajdonító attitűdjei határozzák meg a szöveget (egy kivétellel: a többször is emlegetett, Icig történetét bemutató fejezetben Finkelstein

ARTHUR MILLER ÖRÖKSÉGE

perspektívája domináns). Véleményem szerint éppen azzal tud kibújni a szöveg a szélsőséges tézisszerűség csapdájából, hogy ezen eljárásmóddal saját működését is feltárja. Magyarul, látványosan egy adott nézőpontból mutatja be azt, hogy nincs egy eredendő, „valódi" nézőpont, minden látvány eleve ideologikus, a látásmódok nem az objektív világot, hanem annak különféle verzióit tükrözik. Ez az egynézőpontúság azonban folyamatosan leleplező̋dik, hiszen, mint például a tükörkép jelenetében láttuk, Newman elbeszélői fókusza alapvetően megbízhatatlan, folyamatosan változó, ideológiákkal terhelt nézőpont. Így a könyv nemcsak egy, az antiszemitizmus társadalmi szerepét bemutató tézisregény lesz, hanem maga a tézisszerűség is nyíltan feltárul, amennyiben a szöveg valóságának látványelemei folyamatosan relativizálódnak, fény derül ideologikus voltukra.

A regény végén Newman dönt, és döntése egyszerre szabad választás és kényszer: a rendőrségen zsidónak vallja magát. Ez azonban már nem az a zsidófigura, aki a szöveg elején a tükörből visszanézett, nem az antiszemita karikatúrák zsidója, hanem az áldozatokkal való szolidaritás és a kirekesztés elleni harc alakja. Nem ő választja, hanem félig-meddig belekényszerül, így tulajdonképpen a korábban emlegetett fejlődésregény műfaji sémája sem teljesen helytálló. Lényegében maga a megbélyegzés, az állandó konfrontációk kényszerítik rá azt az identitást, amelyre végül rábólint. Pontosan arról van szó, hogy a bemutatott világban nincs szabad választási lehetőség, minden szereplő adott szerepek között mozog, legfeljebb annyiban választhat, hogy melyiket játssza végig. Newman előbb „kívülálló", a rejtetten, de a velejéig rasszista társadalmi rendet kiszolgáló figura, később értetlen áldozat, a regény végére pedig olyan potenciális áldozattá válik, aki legalább valamelyest látja, hogy melyik szerepet kell magára vállalnia. Nem azért, mert ez az ő valódi szerepe, hanem mert az adott helyzetben ez az egyetlen *etikus* szereplehetőség. Így a könyv sem válik valamiféle agitatív, az antiszemitizmus elleni küzdelemre buzdító ideologikus tézisregénnyé, ahogy például az Oscar-díjjal jutalmazott

Gentleman's Agreement egyértelműen ilyen film lett. Csupán egy meglehetősen groteszk, ironikus történeten keresztül igyekszik felvillantani, hogy akkor és ott, a háború Amerikájában miként tud egy regény a témához nyúlni, milyen szerepet választhat egy szöveg a rasszizmussal szemben.

Felhasznált irodalom

Bigsby, Christopher W. E. *Arthur Miller. A Critical Study*. Cambridge: Cambridge UP, 2005.

---. *Remembering and Imagining the Holocaust. The Chain of Memory*. Cambridge: Cambridge UP, 2006.

Bollobás Enikő. *Az amerikai irodalom története*. Budapest: Osiris, 2005.

Carr, Steven Alan. *Hollywood and Anti-Semitism: A Cultural History Up to World War II*. Cambridge: Cambridge UP, 2003.

Centola, Steven R. „Arthur Miller and the Art of the Possible". *Arthur Miller*. Szerk. Harold Bloom. New York: Infobase Publishing, 2007. 197–214.

Crossfire. Rend. Edward Dmytrik. RKO Radio Pictures, 1947.

Dinnerstein, Leonard. *Antisemitism in America*. Oxford: Oxford UP, 1994.

Gentleman's Agreement. Rend. Elia Kazan. Twentieth Century Fox Co., 1947.

Lang, Berel. „On the 'the' in 'the Jews'". *Those Who Forget the Past: The Question of Anti-Semitism*. Szerk. Ron Rosenbaum, Cynthia Ozick. New York: Random House, 2004. 63–70.

Mason, Jeffrey D. „Arthur Miller's Ironic Resurrection". Bloom 143–68.

Mesher, David R. „Arthur Miller's *Focus*: The First American Novel of the Holocaust". *Judaism* 29 (1980): 469–78.

Miller, Arthur. „The Face in the Mirror: Anti-Semitism Then and Now". *Echoes Down the Corridor. Collected Essays, 1944–2000*. New York: Viking Penguin, 2000. 205–08.

ARTHUR MILLER ÖRÖKSÉGE

---. *Focus.* New York: Reynal & Hitchcock, 1945.
---. *Gyújtópont.* Ford. Szinnai Tivadar. Budapest: General Press, 2001.
---. *Kanyargó időben. Önéletrajz.* 1-2. köt. Ford. Prekop Gabriella. Budapest: Európa, 1990.
Mintz, Allan. *Popular Culture and the Shaping of Holocaust Memory in America.* Seattle: U of Washington, 2001.
Naremore, James. *More Than Night. Film Noir in Its Contexts.* Berkeley: U of California P, 2008.
Poore, Charles. Book of the Times. *The New York Times*, November 24, 1945.
http://www.nytimes.com/books/00/11/12/specials/miller-focus.html
Ricoeur, Paul. „Erőszak és nyelv". Ford. Boda Zsolt. *Az ellenség neve.* Szerk. Szabó Márton. Budapest: Jószöveg Könyvek, 1998. 124–36.
Seress, Ákos Attila. *Amerikai tragédiák. Szerep, személyiség és kirekesztés Tennessee Williams drámáiban.* Budapest: Theatron Könyvek, 2011.

28

Seress Ákos Attila

A CSALÁD ÉS A BUNKER: A CSALÁD SZEREPE ARTHUR MILLER DRÁMÁIBAN

Egy fiatal házaspár furcsa ötlettel szerzett magának tizenöt perc hírnevet 1959 nyarán Amerikában: elhatározták, hogy mézesheteiket egy bunkerben fogják tölteni. A *Life* magazin fotót is közölt róluk, melyen a boldogan mosolygó pár látható számtalan különféle élelmiszerrel, illetve a földalatti tartózkodás túléléséhez szükséges eszközökkel körülvéve. Ahogyan Elaine Tyler May írja, ez a látvány „a nukleáris korban erőteljes képet nyújt a nukleáris családról, amely elszigetelt, szexuálisan fűtött, bővelkedik mindenben, ami a jóléthez szükséges, és amelyet a technika csodái védenek a közelgő világvégétől" (11).[3] A család és a bunker közötti azonosság megteremtésével tehát a fotó a korszak egyik legfontosabb metaforáját eleveníti meg.

A hidegháború időszakának politikai diskurzusa a családot nevezi meg a legfontosabb védőbástyaként: az amerikai férfiak és nők lelki-szellemi integritását, erkölcsi tisztaságát csak a házasság képes megvédeni, nem beszélve arról, hogy az új generáció nevelése is ebben a zárt, biztos védelmet nyújtó közegben valósulhat meg a legeredményesebben. Éppen ezért a második világháború után fiatal amerikaiak százai rohantak

---

[3] „This is a powerful image of the nuclear family in the nuclear age: isolated, sexually charged, cushioned by abundance, and protected against impending doom by the wonders of modern technology".

házasságot kötni, hogy később szülőként felöltsék magukra a hagyományos nemi szerepeket. Rosie the Riveteer, a háború ikonikus nőalakja, aki férfi ruhában végez kemény fizikai munkát eltűnik, helyét az engedelmes háziasszony veszi át, akinek elsődleges feladata a családi tűzhely őrzése. Arthur Miller drámaelméleti esszéje, „A tragédiáról – a család szerepe a modern drámában" jól példázza a korszak családról alkotott vízióját. Az író itt egyszerű bináris oppozíciót állít fel, melynek egyik végén a család, a másikon pedig a társadalom elnyomó erői állnak. Miller szerint a kortárs drámai művek egy bizonyos kérdést járnak körül: „hogyan képes az ember otthonra lelni a külvilágban" („A tragédiáról" 58). Az egyén a normákkal és előírásokkal átszőtt világban nem önmaga többé, szerepekbe kényszerül, s elveszíti nyugalmát és önbecsülését – egyedüli menedék a család, ahol még önmaga lehet. Mindez Miller szerint jól kimutatható a nyelvhasználatban; a család minden tagja az „alkalom bizalmas légkörének" („A tragédiáról" 62) megfelelően beszél, és igaz ez mind a hanghordozásra, mind pedig a stílusra. A publikus, azaz társadalmi szinten azonban a beszéd retorikussá válik, metaforákkal telítődik fel, így nem a jellem, hanem a szerep válik dominánssá. Mivel a „társadalmi viszonylatok megengedhetővé, sőt kötelezővé teszik számunkra, hogy bizonyos fokig szertartásszerűen viselkedjünk" (Miller, „A tragédiáról" 62), az autentikus személyiség csak a családon belül válhat láthatóvá, azon kívül a normák rendszere szorítja korlátok közé. Miller így a családról alkotott koncepció alapján elemez, illetve emel ki egyes műveket az amerikai drámairodalomból. Tennessee Williams darabját, *A vágy villamosá*t például azért tartja jelentősnek, mert szerinte a darab éppen azt mutatja be, hogy a főhős az otthon melegéből kikerülve miként veszíti el önmagát a társadalomban. A Thornton Wilderről szóló elemzésben pedig könnyen ráismerhetünk a fentebb említett bunker-metaforára, hiszen, mint azt Miller írja, a *Mi kis városunk*ban a család „időtlen és szilárd egység, amely nemcsak túlélte az idők összes viharait, de *ellenáll mindenfajta pusztítás lehetőségének is*" („A tragédiáról" 67, kiemelés a szerzőtől, S.Á). Miller elemzése a „modern" jelzőt jól érzékelhetően a „kortárs" értelemben használja. Meglátásai azonban nagymértékben egybecsengenek azzal, ahogyan ma a posztmodern korszakküszöb előtti modernséget jellemezhetjük. Lukács György *A modern dráma fejlődésének története* című munkájában jelenti ki, hogy a modern dráma „az individualizmus drámája" (102), s a legfőbb kérdés itt az, hogy „mennyiben létezik a közösséggel szemben egyéni akarat" (109). Miller tehát a Lukácséhoz hasonló bináris oppozíciót vázol fel, melynek egyik pontján az autonóm karakter, a másikon pedig a társadalom erői állnak, s tulajdonképpen végkövetkeztetése is ugyanaz: a modern dráma abból a tragikus tapasztalatból születik, illetve arról ad számot, hogy az egyén nem képes önmagát vállalni a társadalomban, így a valódi ént szerepek sokasága fedi el.

Arthur Miller elemzése azonban több szempontból is problematikus. Először is, már akkor, amikor az író ezt a tanulmányt írta, nyilvánvalóvá vált, hogy a család ilyen módon történő elgondolása utópisztikus, ha nem naiv. Alfred Kinsey kutatásai az amerikai nők és férfiak szexuális életéről világosan megmutatták, hogy ez a nukleáris közösség legfeljebb csak a felszínen működik. A férjek igen meghatározó része elégedetlen volt, s így rendszeresen követtek el házasságtörést, míg a nők túlnyomó többsége tartotta (jogosan) kizsákmányolónak és elnyomónak a patriarchális rend által ráerőltetett szerepet. Miként Elaine Tyler May levelekre, illetve naplórészletekre alapozva bemutatja, a hidegháború korszakának családmítosza számtalan nőt nyomorított meg azzal, hogy karrierjük feladására kényszerítette őket (még akkor is, ha munkájukat lényegesen tehetségesebben végezték, mint férjeik), illetve, hogy több gyereket vállaljanak, mint amennyit szerettek volna. Az egyik legmegrázóbb példa egy pszichiáter beszámolója egy doktori fokozattal rendelkező, briliánsnak tekintett nőről, akinek fel kellett adnia állását, mivel a gyerekorvos meggyőzte, hogy gyerekei szociopaták lesznek, ha nincs velük a nap huszonnégy órájában (May 201).[4]

A másik probléma szigorúan drámaelméleti: azzal, hogy a szerző fenntartja a jellem-társadalom kettősében s ezáltal az autentikus, belső „én" létezésébe vetett hitet, saját életművét, valamint az általa elemzett szerzőkét is abban a dramatikus hagyományban helyezi el, amelynek meghaladására éppen Miller európai kortársai tettek kísérletet. A posztmodern dráma ugyanis ezt az egységes, belső ént tekinti illúziónak, vagyis az ilyen szövegek nem feltételeznek autentikus jellemet a szerepek mögött. Mivel nem létezik valódi arc a maszkok sorozata mögött, ezért a család sem lehet a külső erőknek ellenálló, a „valódi" személyiséget védelmező közeg.

A jelen tanulmány kérdése az, hogy a drámaelméleti esszében leírtak vajon milyen mértékben jelennek meg Arthur Miller dramatikus munkáiban? Ha ugyanis az író követte saját teoretikus elveit, akkor életművét jogosan helyezhetjük el a későmodernség horizontjában; ez azonban azt jelentené, hogy az amerikai drámaírónak nem sikerült európai kortársaihoz hasonlóan megújítania a tizenkilencedik század végén és huszadik század elején kialakult dramatikus és színházi hagyományt. Álláspontom szerint azonban korántsem ez a helyzet, ugyanis Miller dramatikus szövegei jelentősen eltávolodnak a tanulmányában megfogalmazott elméletétől. Vagyis drámáiban a család nemcsak, hogy nem tud bunkerként funkcionálni, hanem a személyiség normatív rendszerek által történő megalkotottsága is éppen ebben a közegben válik láthatóvá.

---

[4] Arthur Miller személyes élettörténete miatt sem lényegtelen, hogy Marilyn Monroe kizárólag egy filmben, a *Niagará*ban játszott a férfi karakterekkel egyenrangú nőt. Az összes többiben a kislányosan bájos és ártatlan, szexuálisan kiszolgáltatott karakter jutott neki.

Apák és fiúk
The Man Who Had All the Luck (1944), Édes fiaim (1947)

Arthur Miller önéletrajzi munkájában tett megjegyzése szerint a *The Man Who Had All the Luck* (Akinek minden sikerült, 1944) című drámáján dolgozva került „centiről-centire egyre közelebb az apák és fiúk, illetve a testvérek között feszülő konfliktushoz" (*Kanyargó időben* I. köt. 90). Az élete során folyamatosan szerencsés eseményeket átélő férfi történetét Miller először prózai formában írta meg, itt a főszereplő végül öngyilkos lesz, mivel rögeszméjévé válik, hogy ő „szívja el" a körülötte élők szerencséjét, ezért érik csapások barátait és családtagjait. A dramatikus változat már pozitívan zárul, Dave, a főszereplő itt felismeri, hogy saját döntései, nem pedig valami transzcendens felső akarat révén sikerült felemelkednie. A *happy end* ellenére a darab néhány előadás után csúfosan megbukott, így az amerikai drámaíró első Broadway szereplése olyan csalódást okozott, hogy Miller egy időre elfordult a színház világától. Később, Angliában, újra felfedezték a művet, majd a szigetországban elért siker után ismét előadták New Yorkban, ezek után pedig „ugyanazok a lapok dicsőítik, amelyek eredetileg elítélték" (Bigsby 64).[5]

A siker nem változtatott ugyanakkor a darab recepciójának történetén, hiszen kevés elemző írás foglalkozik ezzel a művel. Ezek közül kiemelkedik Christopher W. E. Bigsby interpretációja, aki a szöveg filozófiai aspektusaira fókuszál Millerről szóló monográfiájában. Az angol színháztörténész szerint Millert elsősorban a sorssal, illetve a deternmációval kapcsolatos kérdések érdekelték. Személyes tapasztalatai is inspirálták erre, hiszen sikeres unokatestvére váratlanul holtan esett össze a tengerparton. De a gazdasági válság időszakában, amikor sokan – köztük Miller apja is – egyik napról a másikra tönkrementek, jogosan merült fel a kérdés: „vajon egy abszurd

---

[5] „hailed by the very news papers which had originally rejected it".

univerzumot népesítünk be, vagy saját sorsunk kovácsai vagyunk?" (Bigsby 53).[6] Az eleve elrendeltetés gondolatát Shory képviseli a műben, aki „filozófiáját" a következőképp foglalja össze:

SHORY. Nincs több ráhatásod a dolgokra, mint a medúzának a dagályra, David. (I.1. 9)
...
Az ember egy medúza. A dagály emelkedik, majd elapad. Hogy mi történik vele, abba az embernek kevés beleszólása van. (I.1. 20)[7]

A szöveg azonos című regény változatában, miként azt Bigsby kiemeli (54), a főszereplő elfogadja ezt az álláspontot, s a világ abszurditásának beismerése öngyilkossághoz vezet. A dramatikus verzióban azonban Dave végül arra a következtetésre jut, hogy javait nem kizárólag a szerencsének, hanem megfelelő döntéseinek köszönheti, így felhagy az önostorozással. Miller szövege tehát a determinizmust tagadva az akarat szabadsága felé fordul, és hangsúlyozza az egyéni felelősség súlyát.

Az amerikai író sorsról alkotott későbbi koncepciójának fényében a színpadi változat pozitív zárlata is megkérdőjelezhetőnek tűnik. Miller ugyanis éppen a fentebb elemzett drámaelméleti esszéjében jelenti ki, hogy „a legcsekélyebb intelligenciával rendelkezők számára is világos, hogy az emberiség sorsát a társadalom határozza meg" („A tragédiáról" 71). Vagyis, bár szó sincs eleve elrendeltetésről, az emberiség, illetve az egyes ember döntéseit és cselekedeteit nagymértékben korlátozza és meghatározza a közösség, amelybe beleszületett. Ezen a ponton válik fontossá a család: a társadalom normái, elvárásai ugyanis – miként azt látni fogjuk –

---

[6] „Do we inhabit an absurd universe or construct our own fate?"
[7] „SHORY. You can't make anything happen any more than a jellyfish makes the tides, David. ...
A man is a jellyfish. The tide goes in and the tide goes out. About what happens to him, a man has very little to say".

ebben a közegben, különösen a szülő-gyermek viszonyban nyilvánulnak meg a legmarkánsabban.

Mindez a műben David apja, Pat, és bátyja, Amos kapcsolatában figyelhető meg. Pat a tengerről hazaérkezve elhatározza, hogy fiát „nagy embernek" neveli, aki „nem egy senkiként végzi majd" (I.1.10).[8] Célja tehát, hogy baseballjátékost faragjon belőle. Ennek érdekében a fiút kisgyerek kora óta egy pincében edzi, ahol a különféle dobástechnikákat gyakorolják. A módszer azonban végzetes hibának bizonyul: Amos ugyanis csakis a zárt, magányos környezetben képes produkálni, amikor többen nézik, már nem tud koncentrálni. Mivel a fiú kisgyerek kora óta csak az edzéssel foglalkozott, s ennek érdekében az iskolát is hanyagolta, végül benzinkutasként helyezkedik el bátyjánál.

Miként később *Az ügynök halálá*ban, az apa itt is az amerikai sikernarratívának megfelelően akarja nevelni a gyerekét. Azt szeretné, hogy fia „valaki" legyen, azaz a többiek felett álló, kiemelkedő egyéniség. A sikeres sportoló pontosan ezt, vagyis az amerikai hőst testesíti meg: miként a mitizált cowboy, a baseball-játékos is a maszkulin hőstípust képviseli, hiszen tevékenysége során folyamatosan az emberi teljesítőképesség határait feszegeti. Az emberfeletti ember szerepköre nagy személyiségként reprezentálja az egyént, s az amerikai álom narratívájában a siker megtestesítőjévé válik. Amos élete tehát valóban determinált, hiszen apja írja sorsát; a pince nem bunkerként óvja a fiút, a külső erők és elvárások fokozott erővel formálják át karakterét. Dave, akit Pat elhanyagol elsőszülött fia miatt, jóval szabadabb, a család perifériáján neki még lehetősége van arra, hogy önmaga alakítsa sorsát. Vagyis a család éppen nem az a közeg, ahol az egyén önmaga lehetne; ellenkezőleg, a társadalmi normák, szerepek többszörös erővel hatnak itt, s úgy tűnik, a család perifériáján nagyobb lehetősége van a szereplőnek az önmegvalósításra. Apja nevelési programjának köszönhetően Amost az amerikai álom

---

[8] „this boy is not going to waste out his life being seventeen different kind of things and ending up nothing".

sikernarratívájának való kényszeres megfelelés teszi sikertelenné úgy, hogy igazából lehetősége sincs letérni erről az útról. Dave pedig a családi kör legkülső részén úgy válik „selfmade man"-né, hogy tulajdonképpen semminek nem akar megfelelni, cselekedeteit tehát nem a sikerre való törekvés motiválja. A *The Man Who Had All the Luck* tehát az ellentétét ábrázolja annak, amit Miller későbbi esszéje állít: a család bunkere nem csak, hogy nem véd meg a társadalmi normáktól, hanem mintha még fel is erősítené azokat, így téve lehetetlenné az egyén számára, hogy kilépjen a rá erőltetett és végzetesnek bizonyuló szerepből. Az ember sorsát e korai mű végkövetkeztetése szerint valóban a társadalom határozza meg, mégpedig a családon keresztül.

A *The Man* bemutatója csúfos bukást hozott, Millert az amerikai színház térképére második dramatikus szövege, az *Édes fiaim (All My Sons)* rajzolta fel, amely viszont már elsöprő sikert aratott. E műben szintén a család, illetve azon belül az apák és fiúk között fennálló konfliktus kap kitüntetett szerepet; mindez Ibsent idéző dramaturgiába öntve, hiszen a múlt bűnei fokozatosan, csak a cselekmény végére tárulnak fel. A norvég klasszikustól némileg eltérő módon azonban Miller éles kontrasztot rajzol a műben: nem arról van szó, hogy – mint Ibsennél – az igazság napvilágra kerülése választ ad a cselekmény elején már megfogalmazódó kérdésekre, hanem itt a bűn leleplezése radikálisan más megvilágításba helyezi a szereplőket. Az amerikai író majdnem tökéletes állapotot ábrázol a darab elején, s bár valóban nem sorolható az *Édes fiaim* Miller legjobban sikerült munkái közé, írói eszköztárát mindenképp dicséri, hogy ezt az alapszituációt sikerül gyorsan és dinamikusan tragédiába fordítania.

Kétségtelen, hogy a darab sikere minden valószínűség szerint annak is köszönhető, hogy a háborúval kapcsolatos igen érzékeny témát feszeget: Joe Keller vagyonos, a családjáról gondoskodó apa, akinek egyik fia bevetés közben eltűnt. Nem a harcok során lelte azonban halálát, hanem – mint az a mű végén kiderül – tudomást szerez arról, hogy apja gyárosként hibás alkatrészeket adott el a hadseregnek, így ennek következtében többen meghaltak. A fiú nem tudja elviselni ezt a szégyent, így öngyilkos lesz. Mikor Keller másik fia, Chris tudomást szerez minderről, apját arra akarja kényszeríteni, hogy vallja be a teljes igazságot, és idős kora ellenére vonuljon börtönbe; azonban követelőzésével csak azt éri el, hogy végül az utolsó jelenetben Joe Keller főbe lövi magát. A *The Man Who Had All the Luck*-ban megfigyelt jelenséget nem nehéz észrevenni az *Édes fiaim*ban is: az apa cselekedeteinek destruktív hatása nyilvánvaló, hiszen az általa elkövetett bűn mindkét fia sorsát meghatározza. Különösen fontos ez annak fényében, hogy Keller hangsúlyozza: nem magáért, hanem családjáért követte el a bűnt.

KELLER. […] Chris … Chris … érted tettem, érted vállaltam a kockázatot. Hatvanegy éves vagyok, mikor lesz már esélyem, hogy valamit szerezhessek neked? Hatvanegy éves fővel nincs már sok esélye az embernek. (II. 74)

Akár Amost, Kellert is az a hit vezérelte, hogy cselekedeteivel a család érdekeit szolgálja, így csak későn ismeri fel tévedését. Arthur Millernél tehát a destruktív apa nem a gonoszság megtestesítője, sokkal inkább a társadalmi normáknak megfelelni akaró kisember. Pat a sportban látja a lehetőséget arra, hogy fiát kiemelkedő, nagy egyéniséggé formálja; Kellernél a vagyon tölti be ugyanezt a szerepet. A szereplőről alkotott képet jelentősen árnyalja ugyanakkor, hogy esetében nem a vagyon és a még több vagyon közötti választásról volt szó, hanem arról, hogy ha becsületesen jár el, mindenét elveszíti.

KELLER. […] Üzletember vagyok, ez a mesterségem; ha megreped százhúsz alkatrész, vége az üzletnek! Kitalálsz egy eljárást, az nem válik be, vége az üzletnek; nem tudod mi az oka, de az anyag hibás; akkor ők bezárnak, felrúgják a szerződést, fenét sem törődnek vele. Negyven évi munkám fekszik ebben az üzletben, és ők öt perc alatt knockoutolnak, eltűrjem? Adjam oda a negyven évemet, az életemet? (II. 74)

A pénz kitüntetett fontossággal bír a Keller-család életében; ezt jelzi, hogy a gazdagság iránti vágy többször is visszatér a párbeszédek során. Chris például vagyont ígér Ann-nek (I.1. 39), apja pedig azon viccelődik, hogy korábban azért akart gazdag lenni, mert a tehetős emberek feleségeinek könnyű az élete, Kate azonban egy cseléd helyett is dolgozik. A család identitását a pénz biztosítja, így ennek elvesztése súlyosabb következményekkel járna, mint pusztán az elszegényedés. A fentiek miatt érdemes a szöveget az apa felől is újraolvasni; az *Édes fiaim*ban nem csak a fiú pozíciójának meghatározottságáról beszélhetünk, hanem itt éppolyan lényeges, hogy Keller identitását és sorsát hasonlóképp determinálja a család, illetve a családon keresztül megnyilvánuló értékrend. Aki ugyanis nem képes a megfelelő anyagi javakat biztosítani, sem a férj, sem az apa pozícióját nem töltheti be, s mindez kiderül abból, amit Sue mond Kate-nek: „Meg fog lepődni, de minden a pénzen fordul meg. Én egy segédorvoshoz mentem, az én fizetésemből éltünk. Hiba volt, mert mihelyt a nő tartja el a férfit, a férfi tartozik neki valamivel. Tartozni pedig nem lehet egy kis harag nélkül" (II. 46). A beszélgetés további részéből kiderül, hogy Sue férje feladta kutatói karrierjét azért, hogy többet keressen, emiatt állandóan „börtönben" érzi magát (így a harag, amiről a nő beszél, sokkal inkább tudható be ennek a döntésnek). Látható tehát, hogy az anyagi feltételeket csak és kizárólag a férfi teremtheti meg. Arról ugyanis nincs szó, hogy a feleség tartozna valamivel, ha eltartják, fordított esetben azonban, legalábbis Sue szóhasználatából ez derül ki, szinte törtvényszerűen válik a férfi adóssá, mind a saját, mind pedig a közösség szemében.

Miller művében tehát a férfiasság a vagyonnal fonódik össze. Az 1947-es műben ábrázolt szituációnak még erősebb kontrasztot ad egy tizenkét évvel később bekövetkezett esemény: abban az évben ugyanis, amikor a fiatal házasok egy bunkerben töltötték mézesheteiket, Richard M. Nixon amerikai alelnök a Szovjetunióba utazott, hogy meglátogassa az

Amerikai Nemzeti Kiállítást (American National Exhibition), s találkozzon Nyikita Hruscsovval. Ami köztük történt, azt később a „konyhavita" elnevezéssel illette a történelem, hiszen a két vezető a hidegháború időszakában nem „bombákról, lövedékekről, sőt még nem is a kormányzás elveiről értekezett" (May 19).[9] Az amerikai konyha technikai felszereltségéről értekezve Nixon azt próbálta meg bizonyítani, hogy az Egyesült Államok ereje nem a puszta agresszióban, tehát a fegyverekben, hanem az amerikaiak számára biztosított bőségben és biztonságban rejlik. Miként azt az elnök egy mosogatógépre mutatva kifejtette: „ezeket [a gépeket] azért hoztuk létre, hogy háziasszonyaink életét könnyebbé tegyük" (idézi May 21).[10] Később pedig kijelentette, hogy minden férfire jellemző az „univerzális hozzáállás", hogy felesége életét könnyebbé akarja tenni (idézi May 21).[11]

Keller számára az, hogy a megfelelő anyagi javak megszerzésével jobb életet biztosítson feleségének „univerzális", más szóval kötelező norma. Természetesen mindebben megfigyelhető a családról szóló diskurzus nőket alsóbbrendű szereplőként pozícionáló jellege: a nő feladata vonzónak lenni (ha másban nem, Hruscsov és Nixon abban megegyeztek, hogy a szép nők szükségesek a jó élethez), így aktív, a család sorsát lényegesen befolyásoló szerepet nem vállalhat. (Jól mutatja ezt, hogy az angol szövegben egyedül Keller feleségének nincs neve, ő egyszerűen „Anya" néven kerül megjelölésre). A patriarchális rendszer azonban a férfi karakter számára is meglehetősen korlátozott szerepet jelöl ki: amennyiben nem képes biztosítani a megfelelő színvonalat, egyszerre bukik meg férjként, apaként és férfiként. A család tehát nem mentsvár, ahová a bukást és a veszteséget elszenvedő egyén visszamenekülhet – éppen ellenkezőleg, a kudarc többszörösen felerősítve éri őt ebben a közegben. Ezt

---

[9] „The two leaders did not discuss missiles, bombs, or even modes of government".
[10] „these [washing machines] are designed to make things easier for our women".
[11] „I think that this attitude toward women is universal".

az olvasatot erősíti Miller vallomása apja iránti érzéseiről; miként a *Kanyargó időben* című önéletrajzi művében írja, haragot érzett apja iránt, hiszen az egykor sikeres üzletember, aki szépen jövedelmező ruhagyárat vezetett a gazdasági válság előtt, nem tudta megvédeni tulajdonát, és a válság kirobbanásakor mindenét elveszítette. Millert a marxizmussal való találkozás segítette abban, hogy megbocsásson apjának, hiszen felismerte: Isidore Miller nem tehetett semmit a világméretű katasztrófa ellen, nem állt hatalmában azt kivédeni (Miller, *Kanyargó időben* I. köt. 111-14.). Egyetértek tehát azokkal az olvasatokkal, melyek szerint megkérdőjelezhető az apját elítélő és megtagadni kívánó Chris morális/erkölcsi magatartása. Miként azt Steven R. Centola írja, „nehéz nem észrevenni az álszentséget a fiú megszállottságában, ami végül Keller öngyilkosságát eredményezi" (56).[12] A szövegből ugyanis világosan kiderül, hogy Chris valójában nem ért egyet apja jogi felelősségre vonásával, nem tartja tehát indokoltnak bebörtönzését. Keller ugyanis rámutat: a háború elengedhetetlen része a pénz, így „[a]kár háború, akár béke, itt dollárokról meg centekről van szó" (III. 83). Ha tehát Joe Kellernek börtönbe kell mennie, akkor többen követhetnék, hiszen – mint láttuk – az anyagi haszonszerzés kötelező feladat a családfő számára. Ezen érvek hatására a fiú elismeri, nem gondolja, hogy apja bármilyen szempontból is rosszabb vagy bűnösebb lenne másoknál: „Tudom, te sem vagy rosszabb, mint más, csak azt hittem, jobb vagy. Nem is úgy néztem rád, mint egy emberre, hanem úgy, mint az apámra [...]. De nem tudok többé így nézni rád, és magamra sem tudok nézni többé" (III. 85).

James A. Robinson (Norman Linzer szociológus munkájára hivatkozva) fejti ki, hogy a zsidó családban a szülők – elsősorban az apa – Istent reprezentálják, s ez a tapasztalat kimutatható Miller szüleihez és nagyszüleihez való viszonyában is (40). A kritikus meglátása szerint Miller drámáinak

---

[12] „It is hard, therefore, not to see and condemn the hypocrisy behind the zeal that leads to Keller's suicide".

apaszereplői ennek az élménynek a hatására születtek: ezek a figurák gyermekeik számára – legalábbis a kezdetekben – emberfölötti emberként jelennek meg, így bukásuk fokozottan traumatikus. Véleményem szerint Robinson részéről hiba a zsidó hagyományra hivatkozni: nem dönthető el, hogy a Keller család zsidó-e vagy sem (de ez nem is bír különösebb jelentőséggel), illetve közvetlen kapcsolatot feltételezni Miller élettörténete és művei között olyan érvelés, amely figyelmen kívül hagyja a posztstrukturalista elméleteket. Keller bálványozása, vagyis az apa már-már isteni pozíciója ugyanis valóban származhat a zsidó hagyományokból, ám legalább ilyen mértékben magából a bunker-metaforából is. A védőhelyet ebben a diskurzusban a férfi teremti meg és ő is tartja fenn; a kapitalista berendezkedésben (s itt egyetértek Robinson elemzésével, miszerint az apa karakterének ábrázolása magában rejti az amerikai kapitalista társadalom kritikáját) a „self-made man" képes mindenre: külső segítség nélkül, a morális erkölcsi törvényeket betartva, szinte a semmiből hozza létre a menedéket nyújtó teret (hétköznapi nyelvre lefordítva: ő felelős az anyagi feltételek megteremtéséért).

Chris csalódottsága és felháborodása tehát nem abból a felismerésből ered, hogy apja több katona haláláért felelős; sokkal inkább arról van szó, hogy kiderül: Keller nem az amerikai álom igazi hőse, hiszen vagyonát csalással sikerült megtartania. Önmagában nem az immorális tettel van probléma azonban, hanem, hogy a bunker megteremtője nem ügyesebb, tehetségesebb vagy erkölcsösebb másoknál. Az apa pozíciója így részben hazugságra épült; ám ha Keller becsületesen járt volna el, mindenét elveszíti. Ez pedig, vagyis az anyagi javak megszűnése, szintén ellehetetlenítené Joe Keller pozícióját. A bukott, vagy megfelelő vagyonnal nem rendelkező karakter sem az apa, sem a férfi szerepét nem töltheti be (miként azt az ötvenes évek végén Talcott Parsons szociológus írta, az egyetlen mód arra, hogy valaki „igazi férfivá" váljon az, ha van munkája és képes eltartani a családját) (Vö. Savran 53). Vagyis itt az apa sorsát a családon belüli viszonyrendszerek éppolyan végzetes mértékben határozzák meg, mint ahogyan az apa tettei teszik ezt fiainak életével. Joe látszólag a társadalmi elvárásoknak megfelelő családfő, hiszen vagyonra tett szert, ami biztonságot és megfelelő kényelmet nyújt. E javak elveszítése azonban egyszerre jelentene bukást férjként és férfiként. A család tehát ismét nem az a közeg, ahol az egyén önmaga lehet, sokkal inkább tűnik úgy, hogy a társadalom erői teljesen áthatják ezt a bunkert, így a publikus szféra által kijelölt, és az individuumra erőltetett szerepek nem maradnak a falakon kívül, hanem alapvetően határozzák meg a családtagok közötti viszonyrendszert.

Az ügynök halála (1949)

Arthur Miller kétségtelenül azok közé az írók közé tartozik, akiknek életművét az utókor irodalomtörténete egy kiemelkedő mű köré csoportosítja. Biztonsággal elmondható, hogy a drámaíró egyetlen más szövege sem vált annyira ismertté, mint a Willy Loman tragédiáját bemutató történet. A család koncepciójával kapcsolatos kérdéseket és problémákat vizsgálva szintén *Az ügynök* tekinthető Miller legfontosabb darabjának, hiszen a család társadalmi elvárások és normarendszerek általi sebezhetősége ebben a műben jelenik meg a legkarakteresebben.

A mű első jelenetei hangsúlyossá teszik, hogy Willy Loman számára a család valóban az utolsó mentsvár, ahová elbújhat a külvilág elől. Az instrukció szerint „a törékeny, kicsi házra [ahol az ügynök lakik] boltozatként nehezedő házak, bérkaszárnyák tömbjét látjuk" (91). Az angol eredeti szöveg a „törékeny" („fragile") illetve „szilárd" („solid") szavak ellentételezésével hangsúlyozza a Willy lakhelyét körülvevő világ barátságtalanságát és durvaságát, illetve az otthon sebezhetőségét. A mára már kanonikussá vált jelenetben, amikor a főhős belép a házába, két óriási bőröndöt cipelve, a befogadó számára még a párbeszéd megkezdése előtt világossá válik: a mű kezdetekor feltáruló tér pillanatnyi menedéket jelent a főhős számára. Az első párbeszéd során az is kiderül, hogy a külvilág inkább csak átvitt értelemben rejt veszélyeket Willy számára, hiszen autóvezetés közben kis híján súlyos balesetet szenved.

Az első felvonásban úgy tűnik, a család ugyanakkor nem csak Willy számára jelenti azt a végső teret, ahová a külvilág ránehezedő erői elől visszamenekülhet; ez derül ki Biff és Happy párbeszédéből is:

> BIFF. A háború előtt mentem el hazulról, s azóta vagy húsz-harminc foglalkozásba is belekaptam. Pórul jártam mindegyikkel. De hogy miért, az csak későn kezdett el derengeni. Pedig megfordultam Nebraskában, ahol marhát tereltem, Dakotában, Arizonában és most Texasban, s az hozott haza, hogy rájöttem a baj nyitjára. ... S bárhol élek is, ha jön a tavasz, egyszerre csak összeszorul a szívem; istenem, gondolom, én semmire sem vittem. ... Harmincnégy éves múltam, a jövőmet kellene végre megalapoznom. Ezért rohantam haza. De most, hogy itthon vagyok, megint nem tudom, mihez kezdjek magammal. (I. 101)

Miller esszéjének megfelelően Biff önmagát akarja megtalálni a családban, ezért tér haza még úgy is, hogy apjával való konfliktusa már a kezdetekkor, Willy megjegyzéseiből kitűnik. Később pedig azt kezdi el tervezgetni, hogy ketten a testvérével vállalkozásba kezdenek, vagy akár vesznek egy farmot. A család, bár ez esetben nem a házasságot jelentené, hanem a testvéri viszonyt, a szereplő utolsó reménye, hogy értelmet adjon életének.

Az első felvonás tehát mintha Miller esszéjének nyomvonalán haladna: a család a paradicsomi állapot közege, ahová az egyén visszamenekülhet, s ahol biztonsággal önmaga lehet. Ebből kiindulva a műnek könnyen adódik egy olyan olvasata, amely a drámát a családot fenyegető külső erők demonstrálásaként értelmezi. Így tesz kiváló monográfiájában David Savran is, aki – az Irigaray által megalkotott terminust használva – „hom(m)o-szexuális" rendszert fedez fel az amerikai drámaíró által ábrázolt családban. Ezen szisztéma lényege, hogy a nők a férfiakhoz való relációban számítanak csak, vagyis annyiban, hogy milyen lehetőségeket tartogatnak számukra, vagy milyen hasznot hoznak nekik (Savran 35). Megfigyelhető például, hogy Linda, bármennyire is megalázza őt a férje, mindig hűséges marad, és nem múlik Willy iránt érzett csodálata. A nőnek akkor van tehát értéke, ha kifogásait „vasakarattal nyomja el" (I. 92), ha képes a férfiak között egyfajta kommunikációs csatornaként szolgálni, és ha szerepének megfelelően alárendelt marad.[13] Ez utóbbi követelmény nem csak Lindára igaz: amikor Howard a magnetofonjával büszkélkedik, egy rövid időre a szalagon felesége hangját hallani, aki az instrukció szerint „bátortalanul, riadtan" szól bele a gépbe: „Ó, Howard, mit mondjak én egy gépnek" (II. 144). A domesztícizált nő alaptulajdonságai közé tartozik tehát ez a bátortalanság, illetve a kezdeményezőképesség hiánya; a bunkeren belül nincs szükség önállóságra, a publikus szférában való megjelenés, vagyis a védőhelyről való kilépés a férfiak privilégiuma.

Miként azt Savran kimutatja, az igazi veszélyt a családra a bunker-beli viszonyokon kívül élő, nem alárendelt nő jelenti. A titokzatos szereplő, akivel Willy viszonyt folytat, már első feltűnésekor kezdeményezőképességéről tesz tanúbizonyságot, hiszen közli, hogy a férfit ő „csípte fel". Ráadásul ebben a jelenetben pontosan azért a tulajdonságáért kezdi el dicsérni az ügynököt, amelyet Willy hibának érez, nevezetesen, hogy túl sokat viccelődik. A névtelen szereplő manipulatív és destruktív hatással van a főhősre, így az nem képes túllépni negatív tulajdonságain, valamint elhanyagolja családját. A bunkerre tehát a független nő jelenti a legfőbb veszélyt, aki itt – a hom(m)o-szexuális rendszernek megfelelően – nem a férj és feleség, hanem az apa és fia közötti viszonyt töri meg. Hasonló szituációt figyelhetünk meg Miller egy későbbi drámájában, *A*

---

[13] Fontos itt felhívni a figyelmet Németh Lenke Mária meglátására, miszerint téves lenne az egész amerikai drámairodalomra vonatkozó következtetést levonni *Az ügynök halála* alapján, hiszen bőven vannak olyan női karakterek, például O'Neill vagy Shepard szövegeiben, akik egyáltalán nem hasonlítanak a Miller-műben látható mintához (18).

*salemi boszorkányok*ban (*The Crucible*, 1953): Proctor családját a szinte démonivá váló Abigail fenyegeti, s itt a nem „háziasított" női szexualitás már szó szerint életveszélyessé válik. A fenti értelmezést kétségtelenül alátámasztja az a tény, hogy *Az ügynök halálá*ban lényegesen nagyobb hangsúllyal bír a maszkulin karakterjegyek meghatározása, mint az előző drámákban. A férfiasság itt már nem csak a siker függvénye, tehát, utalva Parsons már idézett megjegyzésére, nem elég jó állással és keresettel rendelkezni; a férfi már nem képzelhető el anélkül, hogy jól bánjon a barkácsszerszámokkal -- „[n]em is férfi az, aki szerszámokkal se tud bánni. Undorító ..." — mondja Willy Charley-nak (I. 118), illetve a fizikális tulajdonságok is elengedhetetlenek (a gyermek Happy állandóan a ledolgozott kilók miatt akar dicséretet kicsikarni apjából, aki pedig kifejti, hogy Bernard számára leginkább egy féregszerű (*worm*) lény, a külseje miatt. A maszkulin jellegzetességek közé tartozik a nő felett gyakorolt hatalom; megfigyelhető ez Happy kalandjaiban, Willy és Linda kapcsolatában, valamint abban is, ahogyan Biff az anyjához viszonyul (amikor apjával szemben „védelmezi", láthatóan nem feltételezi az asszonyról, hogy az felismeri az őt érő folyamatos inzultust).

Savran interpretációja szerint tehát *Az ügynök*ben ábrázolt családmodell a férfiasság egyszerű és kirekesztő definícióján alapul, amelynek elengedhetetlen része a nő alárendelt pozíciója. Amint azonban az engedelmes, aszexuális háziasszonnyal szemben megjelenik a vonzerejét és szexuális kisugárzását tudatosan használó „glamour girl", a maszkulin karakter – és ezzel együtt a család is – törékenynek bizonyul. Ennek az értelmezésnek a vakfoltja ugyanakkor, hogy kizárólag a független nőben, illetve a férfiasság hamis feltételekre épülő diskurzusában látja a családot fenyegető veszélyt. A problémák forrása azonban nem vezethető vissza a házasságtörő viszonyra; Happy nem tud a Nő létezéséről, mégis (saját bevallása szerint) zsákutcába került az élete, Biff kleptomániára való hajlama, illetve tanulásban való elmaradottsága pedig már a leleplezés előtt problémaként jelentkezik.

ARTHUR MILLER ÖRÖKSÉGE

Éppen a fentiek miatt – a korábbi Miller művekhez hasonlóan – *Az ügynök halála* sem gondolható el a családtársadalom/privát-publikus/kint-bent oppozíciók mentén. A család itt is a társadalmi normák által átjárt közeg, s a titokzatos Nőnek, valamint a házasságtörés leleplezésének véleményem szerint nincs akkora súlya, mint amekkorát Savran, illetve általában a Miller-interpretációk feltételeznek. Willy, Happy és Biff soha nem volt „biztonságban", vagyis személyiségük autonóm centruma soha nem létezett. Az ügynök, illetve a többi szereplő önértelmezése a társadalmi mítoszok és narratívák felől történik, így a karaktert ezek az elbeszélések konstruálják. *Az ügynök* paradoxona ugyanakkor éppen az, hogy a mítosz, amely Willy és fiai öndefinícióját megalapozza, az autonóm és konzisztens, „nagy személyiségről" szól. Ez mutatkozik meg Dave Singleman, a szuperügynök példájában:

> WILLY. (…) Nyolcvannégy éves volt akkor, s az USA harmincegy államát kopóként vadászta végig. Az öreg Dave felment a szállodába, papucsot húzott – zöld bársonypapucsot, ezt sose fogom elfeledni --, aztán leült a telefonhoz, és tárgyalt a vevőivel. Ki se mozdult az utcára, s nyolcvannégy esztendős korában is remekül keresett. [...] Tudod-e, hogy amikor meghalt – zöld bársonypapucsban a New York–bostoni gyorsvonat dohányzójában -- az méltó halál volt, az ügynök halála – igen a koporsójához is ügynökök és vevők százai zarándokoltak el. Hónapokra elcsitultak a vonatfülkék: az öreg Dave-et gyászolták az ügynökök. (II. 147)

A főszereplő korábbi kijelentései szerint is a sikernek az „érdekes egyéniség" a titka. A nagy személyiség tehát önmagából teremt, nincs szüksége tanulásra vagy képzésre, hiszen eleve rendelkezik a tudással, ami boldogulásához kell. Willy önmagát ilyen individuumként reprezentálja fiai előtt, s láthatóan őket is az amerikai álom megtestesítőjeként kezeli. Biff esetében a mítosz a sportkarrierben teljesedhetne ki igazán: a sikeres, emberfeletti képességeket mutató, a természet határait feszegető atléta az igazi amerikai hős, aki puszta akaratával és fizikumával győzi le az akadályokat.

Fontos ellentmondás figyelhető meg azonban a Willy által is táplált amerikai álom főhőse, illetve a Miller esszéjében bemutatott családkoncepció között. A nagy személyiség legfőbb tulajdonsága ugyanis a magány: nincs szüksége senkire, a sikereit kizárólag saját maga éri el, minden segítség nélkül. A főhős által mintapéldaként kezelt ügynök neve az egyedüllétre utal (single-man), életmódja pedig nem feltételezi a családot. A másik hős, Ben, szintén magányosan vonul be a dzsungelbe, s bár a műből megtudjuk, hogy volt felesége, ez a kapcsolat valószínűleg már a sikerek elérése után valósult meg. Másfelől a család elhagyása leginkább Willy apjának életútjában fontos motívum: a férfi, addig is, míg betöltötte a férj és apa szerepét, állandóan utazott, majd egyszer csak Alaszkába ment szerencsét próbálni. Fontos azonban látni: ez a tette a legkevésbé sem minősül negatív cselekedetnek a mű során, az apa a fiúk szemében megmarad „nagy feltalálónak" (I. 121), aki a két kezével létrehozott termékekkel többet keres, mint bárki más. Az önmegvalósítás, a „világ meghódítása", vagyis minden, ami a nagy személyiség életmódjához tartozik, nem egyeztethető össze a családdal: csak az tud „valaki" lenni, aki mindenféle támasz nélkül a valódi, vagy a nagyvárosok dzsungelével megküzdve kerekedik minden akadály fölé.

*Az ügynök*ben bemutatott amerikai hős tehát megteremti és biztosítja a családi bunker feltételeit, de ő magának nincsen szüksége rá. Nem arról van szó, hogy a társadalom erői, illetve az elvárt szerepek kényszerétől szenvedő ember visszatérne az egyetlen menedékre, ahol önmaga lehet ismét; a sikermítosz figurája képes saját magához igazítani a világot, s a romantikus hősökhöz hasonlóan őrzi meg individuumának autentikusságát. A dráma látszólag még a modernista dramatikus hagyománynak is hátat fordít: a probléma nem az egyén és a társadalom konfliktusa, hanem abban gyökerezik, hogy a szereplő nem képes „naggyá válni". Amikor Biff kijelenti: „[é]n már tudom, ki vagyok" (I. 192), akkor ez az öndefiníció a nagy személyiségről szóló diskurzust erősíti: nem arról van szó, hogy a Benhez vagy Dave-hez hasonló mitikus hősök nem léteznek, hanem arról, hogy aki nem tartozik közéjük, az nem igazi egyéniség, vagyis (Biff szavait idézve) „tucatember". Mintha Miller kritikátlanul fogadná el az amerikai sikermítosz romantikus narratíváját azzal, hogy bemutatja: léteznek „nagy" egyéniségek, bár nem mindenki tartozhat közéjük. A legfontosabb dolog az önazonosság megtalálása, még akkor is, ha ez a „tucatság" felvállalását jelenti. Talán felesleges is megemlíteni, hogy ez a filozófia igencsak meghaladottnak számított már *Az ügynök* születése pillanatában is. Miller műve után néhány évvel jelenik meg például John Barth híres regénye, *Az út vége* (The End of the Road, 1958), amely éppen az önazonosságba vetett hit megkérdőjelezését, sőt, paródiáját viszi véghez. A Doktornak nevezett szereplő által művelt „Mítoszterápia" az egyén által folyamatosan váltogatott forgatókönyvek feltárásával foglalkozik, jobban mondva azzal, hogy elfogadtassa: a maszkok mögött nincs valódi arc, így az egyén akkor szabadulhat meg neurózisaitól, ha szerepeit tudatosan váltogatja. Az őszinteségbe, illetve a *self*-hez való hűségbe vetett hitt hazugságon alapul, ezt mutatja Joe Morgan esete: a társadalmi elvárásoknak történő megfelelést nagyképűen megvető, a vagyok-aki-vagyok mentalitást büszkén képviselő férfi egyre nevetségesebbé válik, miután kiderül róla, hogy mennyire másképp viselkedik a négy fal között, amikor (legalábbis ő ezt hiszi) nem látja senki.

Az ügynök szorosabb olvasata ugyanakkor bizonyíthatja, hogy a szubjektivitásról alkotott koncepció tekintetében – bár Miller valóban nem sorolható egyértelműen Barth mellé – tévedés lenne tényként elfogadni, hogy a mű a modernista, sőt, romantikus felfogást képviselné. Fontos ugyanis, hogy a nagy személyiségekről szóló elbeszélések a műben mind Willytől származnak, Dave Singleman sikereit, Ben történetét, stb. mind a főszereplő mutatja be. Márpedig a dráma legvégén, a figura tudatának ábrázolásában jelentős változás áll be: addig ugyanis azt az értelmezést kínálja fel a szöveg, amely a látomásokat a múlt jeleneteiként azonosítja. Akárcsak Howard magnetofonja, Willy tudata képes minden részletet rögzíteni és számtalanszor újrajátszani; a felvevőgép mechanikája ugyanakkor lehetetlenné teszi a hamisítást és a változtatást, így a főszereplő mindannyiszor pontosan ugyanúgy játssza újra múltját. Ez az emlékezet-gép nem kontrollálható, a saját törvényei szerint kapcsol be és jelenít meg minden apró részletet. Mindez eddig nem kérdőjelezné meg a korábban tett kijelentést (miszerint a mű a modernizmus előtti szubjektumfelfogást képviseli), hiszen az irreálisan működő tudat, amely az eseményeket objektíven, minden részletre kiterjedően rögzíti, Willyt nagyon is megbízható mesélővé avatná. Csakhogy az utolsó jelenet lehetetlenné teszi, hogy a főszereplő elméjét ilyen módon fogjuk fel: amikor ugyanis Willy öngyilkossági terveit beszéli meg testvérével, abban a jelenetben Ben alakja már egyértelműen nem a múlt újrajátszásának részeként jelenik meg, hanem képzelgés, puszta *hallucináció*. Ez pedig minden eddig látott, az ügynök tudatában játszódó jelenet státuszát elbizonytalanítja, hiszen nem lehet kategorikusan elválasztani a képzelgést attól, ami valóban megtörtén(hetet)t.

A szövegnek létezhet egy olyan olvasata – sőt, leginkább olyan olvasata létezhet –, amely szerint a nagy személyiség mítosza, az amerikai álom hőse kizárólag Willy Loman képzeletében ölt testet és válik valóságossá. A „reális", vagyis a szereplő tudatán kívüli szint ugyanakkor mintha időnként Willy tételeinek cáfolatát nyújtaná: Singleman-ről senki más nem hallott, a különösebb karizma nélküli Bernard sikeres ember lesz, stb. Több jel mutat tehát arra, hogy ebben a világban a személyiség varázsának éppúgy nincs gyakorlati haszna, mint a régi ismeretségeknek, vagy a családi kapcsolatnak. Mi több, Howard magnetofonja is értelmezhető a személyiséget helyettesítő rendszerek felé tett első lépésként: a technika képes a reklám tetszés szerinti sokszorosítására, így nincs szükség az ügynök jelenlétére, hiszen a felvett kép és hang a világ összes pontján el tudja adni a kívánt terméket.

Miller szövege indokoltan tekinthető az amerikai álom kritikájának, hiszen nemcsak a nagy személyiség létét kérdőjelezi meg, de bemutatja ennek a narratívának a destruktív hatásait is. Willy Loman ugyanis önmagát, de fiait is ezen

ARTHUR MILLER ÖRÖKSÉGE

mítosz felől definiálja, következésképpen olyan mintának próbál megfelelni, amely valójában nem létezik. Ezáltal pedig ismét, a korábbi szövegekhez hasonlóan, a család nem a szubjektumnak biztonságot nyújtó bunker, hanem épp ellenkezőleg, a társadalmi elvárásokat fókuszáló és felerősítő közeg. Loman, ellentétben Charlie-val, komolyan veszi a sikermítosz direktíváit, így számára az apa szükségszerűen egyet jelent az átlag fölé emelkedő, misztikus karizmával rendelkező szubjektummal, így önmagát fiai előtt ilyen szerepben kell reprezentálnia. S mivel a nagy személyiség – mint arról már volt szó – egyedül önmagára támaszkodik, tulajdonságai vele születettek és nem tanultak, s emellett kiválósága miatt minden határt átléphet, Biff lopásai, a nőkkel szemben tanúsított agresszív magatartása (erre Linda hívja fel a figyelmet a mű elején) is büntetlenül maradnak. Willy fiai, csakúgy, mint Amos és Keller gyermekei, az apa által kijelölt és meghatározott utat kénytelenek járni; a család tehát nem, hogy nem biztosítja számukra az önazonosság lehetőségét, hanem éppen ez a közeg fosztja meg őket önazonosságuk megtalálásától. Fontos azonban leszögezni: nem azért történik mindez, mert az apa despotikus, vagy autokrata, a folyamatot a sikernarratívának való megfelelési vágy indukálja. A publikus szféra kényszereinek ellenállni képes bunker tehát nem létezik, a család és a magánélet szférája elválaszthatatlan a társadalmi normarendszerektől és diskurzusoktól.

A fentiek alapján úgy tűnhet, két Arthur Millerről beszélhetünk: a modern drámáról szóló esszé írójáról, aki hisz az autonóm szubjektum, és az annak menedéket biztosító család-bunker létezésében, és a drámaszerzőről, akinek szövegei dekonstruálják ezt a modernista feltételezést. Az ellentmondás ugyanakkor feloldható lehet a modern drámáról szóló esszé szorosabb olvasatával. A szövegben ugyanis, bár Miller szembeállítja a családot a társadalmi viszonyokkal, ez nem alapozza meg azt a kijelentést, hogy a családi közeg *valóban* létezik. A szerző szerint az egyén „meg akarja találni a biztonságot, a szerető környezetet, a lelki nyugalmát, önérzetét és önbecsülését, mindazt, amit emlékeiben mindenki a család

50

eszméjével hoz összefüggésbe" (Miller, „A tragédiáról" 58). Vagyis a család az emlékezetben létező eszme, amelynek leginkább a hiánya tapasztalható csak. Miller szerint a társadalomban élő ember feltételezése az, hogy *valaha* létezett az az állapot, amely megteremtette számára az önazonosság lehetőségét; mindez azonban korántsem jelenti, hogy létezett is, így a biztonságot nyújtó, s az önazonosság lehetőségét megteremtő család ideája Miller esszéje (és drámái) alapján értelmezhető a Benhez, vagy David Singlemanhez hasonló fantazmagóriaként.

Felhasznált irodalom

Bigsby, Christopher. *Arthur Miller – A Critical Study*. Cambridge: Cambridge UP, 2005.

---, szerk. *The Cambridge Companion to Arthur Miller*. Cambridge: Cambridge UP, 1997.

Bloom, Harold, szerk. *Arthur Miller*. New York: Chelsea House, 2007.

Centola, Steven R. *"All My Sons"*. Bigsby, szerk. 48-59.

May, Elaine Tyler. *Homeward Bound: American Families in the Cold War Era*. New York: Basic Books, 1988.

Miller, Arthur. *Édes fiaim*. Ford. Benedek András. *Drámák*. Budapest: Európa Kiadó, 1969. 5-87.

---. *Kanyargó időben. Önéletrajz*. 1-2. Ford. Prekop Gabriella. Budapest: Európa, 1990.

---. *The Man Who Had All The Luck*. *Collected Plays 1944-1961*. New York: The Library of America, 2006. 1-85.

---. „A tragédiáról -- A család szerepe a modern drámában". Ford. Zentai Éva. *A dráma művészete ma*. Szerk. Ungvári Tamás. Budapest: Gondolat, 1974. 52-77.

---. *Az ügynök halála*. Ford. Ungvári Tamás. *Drámák* 87-197.

Németh, Lenke Mária: *„All it is, it's a carnival" – Reading David Mamet's Women Characters with Bakhtin*. Debrecen: Kossuth Egyetemi Kiadó, 2007.

Robinson, James A. „All My Sons and Paternal Authority". Bloom 39-57.

Savran, David. *Communists, Cowboys, and Queers: the Politics of Masculinity in the Work of Arthur Miller and Tennessee Williams.* Minneapolis: U of Minnesota P, 1992.

Németh Lenke

AZ AMERIKAI CSALÁDDRÁMA MEGÚJUL: ARTHUR MILLER *LEFELÉ A HEGYRŐL*[14]

Arthur Miller a *Lefelé a hegyről (The Ride Down Mt. Morgan)* című színművének 1991-es londoni bemutatója után készült egyik interjújában bevallotta, nem számított „harsogó nevetésre", bár látja, hogy „szórakoztatónak" is fel lehet fogni a darabot (Watts 59).[15] Valóban, a kiinduló alaphelyzet és az ebből fakadó lehetséges történések nemcsak életteli komédiát, hanem bohózatba illő jeleneteket is eredményezhetnének. A súlyos autóbalesetet túlélt főhős, Lyman Felt kórházi ágyon fekszik teljes gipszben mozdulatlanságra ítélve, és kénytelen szembenézni mohó, élvhajhász életének következményével, hogy elkerülhetetlenül ki fog derülni, bigámiában él kilenc éve. Két felesége, a középkorú Theo és a fiatal Leah a kórház várójában szereznek tudomást arról, hogy mindketten Lyman hazugságának áldozatai. A szerelmi-házassági háromszög tagjainak szembesülése ezekkel a tényekkel akár bohózat felé is billenthetné a darabot a jellemábrázolás és a színpadi helyzetek terén. Ezzel szemben Miller az amerikai drámatörténetben

---

[14] A jelen tanulmány a *Hungarian Journal of English and American Studies* 2005. 11.2-es számában megjelent „Arthur Miller's *The Ride Down Mount Morgan* and the Family-Play Tradition" című esszé átdolgozott és bővített változata. Egyúttal köszönöm Szőllősy Juditnak, hogy rendelkezésemre bocsátotta a darab fordításának kéziratát.
[15] „gales of laughter", „an entertainment".

ARTHUR MILLER ÖRÖKSÉGE

mélyen gyökerező realista családdráma keretei között térben és időben pontosan elhelyezi a darabot az 1980-as évek Amerikájában és visszatér egyik alaptémájához, a felelősségvállalás nélküli élet következményeinek vizsgálatához. A darab főhőse Miller jellemzésében „velejéig megtestesíti a 80-as évek emberét, akinek mindene megvan, de mértéktelen az étvágya" (idézi Bigsby, *Modern* 122).[16] A nyitókép helyszíne a New York állam Elmira városa közelében fekvő Clearhaven Memorial kórház egyik kórterme, amely drámai keretként, valamint tér- és időbeli kiindulópontként szolgál, hogy Lyman és a két feleség különböző múltbéli helyszínekhez kötődő eseményekben és visszaemlékezésekben – Elmira, Manhattan, afrikai szafári – keressék a jelen magyarázatát, miközben szembenéznek önmagukkal is.

Miller drámai krédójában a dráma műfaja, a család és a társadalom elválaszthatatlanul összekapcsolódó egységet alkot. „A modern drámai forma és a család" című esszéjében Miller így fogalmaz: „minden drámai forma a realizmustól kezdve a verses drámáig, az expresszionista próbálkozásokig és az ún. 'költői játékig', sajátságos emberi kapcsolatokat tárgyal, mégpedig a család, vagy a társadalmi kapcsolatok középpontba állításával" (83). Dennis Welland szintén hangsúlyozza, hogy Miller „mindig úgy látja a családot, hogy az elkerülhetetlen és életet adó módon kapcsolódik egy nagyobb csoporthoz, a társadalomhoz" (113).[17] Miller családdrámájában a férfi hősök ráeszmélnek a cselekedeteikért való felelősségvállalás szükségességére és ezzel magyarázható, hogy az „egyén, aki túléli a család elkerülhetetlen szétesését és szerepet talál magának a nagyobb társadalmi közegben, végül is otthon érezheti magát a világban" (Welland 116).[18]

---

[16] „incarnation of the Eighties Man, the man who has everything, but there is no end to his appetite".
[17] Miller „always sees the family as related to the larger group, the society, in inescapable and life-giving ways".
[18] „the individual who can survive the inevitable disintegration of the family and who can find for himself another role in the larger social group can become 'at home in the world'".

CENTENÁRIUMI ÍRÁSOK MŰVEIRŐL

Lyman Felt a *Lefelé*ben azonban egy újfajta embertípust testesít meg; ő már nem tragikus hős, mint elődei (Joe Keller, Willy Loman, John Proctor, Eddie Carbone), akik még az életüket tették fel egy ügyért és eszméért. Lyman tragikomikus „hős", aki nem rendelkezik semmiféle felelősségtudattal, csak az önmegvalósítás kényszerével, továbbá gátlástalan, mindent magának akaró és nyughatatlan. Ennek az alaknak és az általa képviselt határtalanul önző életmódnak és énközpontú társadalomnak a drámai megjelenítésére Miller sokrétűen megújítja a hagyományos amerikai családdráma modellt. A Eugene O'Neill által bevezetett paradigma magában foglalja a nappali szoba helyszínét, a realista drámai megközelítést, a férfi központú világot, ahol a nők férjük vagy apjuk árnyékában meghúzódva, csak alárendelt szerepet tölthetnek be, és a család jellemzően szülőkből és két egymással általában versengő fivérből áll. Korábbi műveiben Miller maga is többnyire követte ezt a modellt, kiegészítve az ibseni színmű drámai szerkezetével, ahol a család múltbeli rejtett titka fokozatosan, időrendi sorrendben türemkedik be a boldognak hitt családi életbe és jut el a drámai csúcspontig, a végzetes titokig.

A *Lefelé*ben Miller jelentősen eltér az amerikai családdráma paradigmától és a kompozíciós elemek frissítésével – helyszín, jellemábrázolás, a tér- és időhatárok felfüggesztése – létrehoz egy korszerű, dinamikus, gyors jelenetváltásokkal működő szerkezetet, amely formailag hatékonyan alátámasztja a főhős kettős életét és egyben a drámai műfajok, tragédia, komédia, sőt még a bohózat elemeinek keveredését is. Helytálló Christopher W. E. Bigsby ajánlása a darab műfaji megjelölésére: „ironikus komédia" („ironic comedy") („Miller in the Nineties" 41). Három fő területet érint a családdráma frissítése: a nappali szoba helyszínét kórházi kórterem váltja fel; a tér és idő korlátok feloldásával, a retrospektív kronológia felborításával a realizmus lehetőségei kitágulnak és szürrealista és szimbolikus elemekkel egészülnek ki; gyökeresen megváltozik a nőalakok ábrázolása, mivel itt saját hangjuk, egyéniségük és döntésük van, továbbá teljes család helyett csonka családok szerepelnek. Mindezen változások részletes

ARTHUR MILLER ÖRÖKSÉGE

elemzésével azt mutatom be, hogy az újítások kiemelik a darab mélyén húzódó témákat, nevezetesen az 1980-as évekre jellemzően az amerikai férfiak identitásválságát, valamint az időtől és tértől független emberi gyarlóság, az illúziókkal való szembenézés nehézségét vagy lehetetlenségét. A nappali szoba mint helyszín egyeduralma töretlennek mondható az amerikai családdráma történetében az O'Neill-Miller-Williams triumvirátus drámáiban, de még az őket váltó, kísérletező drámai utódok, Edward Albee, David Mamet és Sam Shepard realista családdráma műveiben is. Az első nemzedék drámáiban a nappali szoba térbeli korlátokat szab a családtagok veszekedéseinek, de gyötrelmes összetűzéseik után mindig rájönnek vagy ráéreznek egymásrautaltságukra (O'Neill: *Vágy a szilfák alatt, Hosszú út az éjszakába*; Williams: *Üvegfigurák, Macska a forró bádogtetőn,* Albee: *Nem félünk a farkastól*) és jellemzően létezik még az erős hit a családi egységben. Mamet és Shepard helyszínei változatlanul a jól ismert középosztálybeli nappali szoba, az általuk bemutatott családok azonban nélkülöznek mindenféle intimitást, szeretetet, és megértést egymás iránt; mindegyik családtag a saját világában merül el, és a többiekhez ellenségesen és erőszakosan viszonyul. A két szerző drámáiban egyértelműen erősödik a családtagok egymástól való elszigetelődése és az őket sújtó klausztrofób érzés. Shepard családi trilógiájában — *Curse of the Starving Class* [*Az az átkozott éhezés*] (1977), *Az elásott gyermek* (*The Buried Child*, 1979); *Hamisítatlan vadnyugat* (*True West*, 1980) — „mindegyik karakter másoktól elszigetelve játssza el a saját drámáját" (Morse 734).[19] Mamet családdrámájában — *Titkosírás* (*Cryptogram*, 1994) és *The Old Neighborhood* [Régi környék] (1998) — a családtagok között megszűnik a kommunikáció, a „család nappalija teljesen elveszíti védőháló funkcióját, s a főhősök csupán sodródnak és szó szerint állandóan jönnek-mennek" (Schaub 327).[20]

---

[19] „each character acts out his or her own drama isolated from the others".
[20] „family den has completely lost its function as a protective haven, his protagonists are drifting, and quite literally on the move".

Bár Mametre és Shepardre nagy hatással voltak pályafutásuk elején az avantgarde és posztmodern színházi törekvések, a tény, hogy a családi viszonylatok drámai megjelenítésére ők is realista eszközöket alkalmaznak, megerősíti a családdráma és a realista drámai megközelítés közötti összefüggést és szoros kapcsolatot. Miller így vélekedik: „a darabbeli családi viszonylatok az a meghatározó erő, amely utat nyit a realizmusnak, sőt megköveteli a realisztikus ábrázolásmódot, míg a társadalmi viszonyok eredendően nem realisztikus formákban jelennek meg". A realizmust nem lehet leszűkíteni Miller szerint, mert az egy „stílus, művészi hagyomány, nem pedig riport", azaz „pontosan olyan tudatosan megalkotott stílus, mint a szimbolizmus, az expresszionizmus vagy bármely más ismert izmus". Példaként Ibsen *Nórá*jára utalva kiemeli, hogy „hétköznapi események rejtett társadalmi jelentőségét mutatja meg úgy, ahogy ő [Ibsen] látta. ... a hamisítatlanul 'realista' formát nem a közvetlen ábrázolásra használta fel, hanem kivetített, sőt előrevetített egy jelentést. Darabjaiban szimbólumokat alkotott, a drámaírás nyelvére lefordítva" (Miller, „A Modern" 83-85).

A családdráma életképességét és a realizmus folyton tágítható lehetőségeit bizonyítja a kísérletező írók visszatérése ehhez az alműfajhoz. A realizmus fogalmi bővíthetőségét példázza, hogy Mamet és Shepard sajátságos realista drámai módszerét néha ambivalensen próbálják meghatározni; Mamet realizmusa gyakran „minimalista" előtagot kap, míg David J. DeRose a „posztmodern realizmus egyfajta ellenálló vonulatának" (131)[21] nevezi Shepard realizmusát. A posztmodern és a realizmus fogalmak egymás mellé helyezése önmagában ellentmondásos, hiszen a posztmodern felfogás lényege a valóság megismerhetetlensége, következésképpen több relatív valóság és igazság létezése. A realizmus fogalmiságáról és eszközeiről folyó viták egyértelműen bizonyítják ennek a megközelítési módnak a potenciális lehetőségeit a színpadon (is).

---

[21] „a resistant strain of postmodern realism".

ARTHUR MILLER ÖRÖKSÉGE

A kórterem mint a családdráma helyszíne a *Lefelé*ben szimbolikus jelentésű, az egyént és a társadalmat egyaránt fenyegető több betegség, mint például az önzés, árulás és hazugság metonimikus jelölője. A szimbólum nem idegen a realizmustól, ahogy Miller fogalmaz: „a realizmus éppen úgy hordozhat szimbolikus jelentéseket, mint a többi stílus. Sőt végeredményben minden realista darab cselekménye hordoz szimbolikus jelentést is" ("A Modern" 84). A kórházi helyszín többrétegű szimbolikus jelentését felhasználja Miller a *Lefelé*t követő *Az utolsó Yankee* (*The Last Yankee* 1993) című színművében is. Depressziós betegeket kezelő intézetbe helyezi a darabot, ami egyszerre sejteti „az amerikai életből és annak kilátásaiból való kiábrándulást és az ezekbe vetett hitet is" (Kurdi 64).[22] A kórházi környezetbe helyezett *Lefelé* mint családdráma világosan utal arra, hogy Lyman nem csupán az autóbaleset következtében szerzett sérülése miatt szorul kezelésre, hanem sokkal nagyobb kórtól, az egoizmustól szenved. Tömören így jellemzi magát: „Egy önző dög vagyok" (Miller, *Lefelé* 50). Életelve mások figyelmen kívül hagyása, az árulás: „Az ember vagy önmagához hű vagy másokhoz. Mindkettőhöz, az nem megy. Legalább is keserűség nélkül ... [...]. Az élet törvénye az árulás, de ezt nem valljuk be. Hogy is élhetnénk tovább ezzel a tudattal?" (50) .

A sikeres, jómódú biztosítási ügynök bigámiája tökéletes kiindulópontként és keretként szolgál Miller számára, hogy az 1980-as évek Amerikájának egyfajta kórképét adja és élesen kritizálja a határtalan egoizmust eltűrő társadalomban azt, hogy az önmegvalósításra törekvő egyén törvénytagadó és törvényt is felülíró viselkedése lehetővé, sőt szinte normává válik. A kilenc évig viszonylagos nyugalomban, kettős házasságban élő Lyman Felt természetes jogának tarja, hogy mindent megtehet saját érdekei szerint és vágyainak kielégítésére. Az árulás megfertőzte az egyént és a társadalmat is. Múltbeli cselekvéseinek felelevenítésével a darab Lyman dilemmáját dramatizálja, melyet Miller így ír le: „Lyman sikeresen meggyőzi

---

[22] „both disappointment and belief in American life and its prospects".

58

magát, és azt hiszem, a közönség egy részét is, hogy létezik a többi embernél egy magasabb érték, és ez az érték az egyén pszichés túlélése" (idézi Bigsby, „Nineties" 171).[23] A *Lefelé* amerikai bemutatóinak előtörténete azt példázza, hogy az amerikai közönség és kritika nem fogadta kedvezően a darabot. Feltehetően az 1980-as évek Amerikájában nem tartozott népszerű témák közé a felelősségvállalás fontossága az egyén tetteiért, a családért és a nagyobb közösségért, a társadalomért. Állítása szerint a szerző kénytelen volt a darab premierjét Londonban tartani, mert egyetlen kritikus sem volt az ő oldalán Amerikában (Watts 59). A Wyndham színházi premiert követően az amerikai közönség csak öt évvel később, néhány előadásban láthatta a darabot a Williamstownban rendezett színházi fesztiválon, majd 1998-ban a Joseph Papp's Public Theater-ben bemutatott átdolgozott változatot fogadta csupán kedvezően a kritika. Azóta folyamatosan műsorra tűzik az USA különböző színházaiban.[24] Magyarországon 2001-ben tartották a bemutatót a Budapesti Kamaraszínházban Szántó Erika rendezésében. A nagy sikerű produkció 226 előadást ért meg.

A *Lefelé*ben ábrázolt, a társadalmat és egyént fenyegető kór, az árulás és hazugság még súlyosabbnak ítéltetik, ha szembesítjük Lyman Feltet, a gazdag, jómódú biztosítási ügynököt Joe Kellerrel, a közép-amerikai gyáriparossal az *Édes fiaim*ból. Mindketten elárulják és cserbenhagyják családtagjaikat és barátaikat. Keller hibás motorfejeket szállít a háború alatt az amerikai légierőnek, ami saját kisebb fiának, Larrynek a halálát okozza több más amerikai katonáéval együtt. Elhárítva magáról a felelősséget, barátját és üzleti partnerét juttatja börtönbe. A kilenc éven át bigámiában élő Lyman bűne nem okozza senki halálát, viszont jóvátehetetlen sérülést és traumát okoz feleségeinek és gyerekeinek, a huszonéves lányának, Bessie-nek,

---

[23] „He [Lyman] manages to convince himself, and I believe some part of the audience, that there is a higher value than other people and that value is the psychic survival of the individual".
[24] *The New York Times* online változatának színházi kritika rovata 67 előadásról számol be az 1998-2014-ig terjedő időszakban.

és a kilenc éves Benjaminnak, akik mind megtagadják őt. Jóllehet balesetének körülményei nem tisztázottak, mert feltételezhető, hogy Lyman maga mozdította el a jeges hegyi útra kitett figyelmeztető korlátot. Ahogy Theo és Tom vélekedik, az öngyilkosság lehetséges ténye Lyman bűntudatának felébredését mutatná.

THEO. Gondolod, hogy Lyman valóban öngyilkos akart lenni?
TOM. Hogy őszinte legyek, remélem.
THEO. Az legalább valamiféle morális érzékre vallana? (43)

Lyman azonban bevallja: „Nem akartam öngyilkos lenni" (79). Hűen önmagához, önző szempontjai vezérelték, azaz Leah-hez száguldott a tomboló viharban az éjszaka közepén: „Csak az időt akartam megállítani, hogy soha ne haljak meg, hogy naponta újjászülessek, frissen és diadalmasan. [...]. Belehajtottam a viharba, és komolyam azt gondoltam ... hogy ha beállítok hozzád hajnali háromkor ebből az üvöltő hóviharból, akkor elhiszed, hogy milyen kétségbeesetten szükségem van rád" (80). Keller számára azonban elkerülhetetlen az öngyilkosság az 1940-es évek Amerikájában tettének következményeivel szembesülve, és bűnének tudatában. Csak így tudja felmenteni magát és értheti meg az ítéletet, melyet nagyobbik fia, Chris fogalmaz meg a darab tetőpontján a lövés eldördülése előtti pillanatban: „Beláthatjátok egyszer s mindenkorra, hogy egy egész világegyetem van körülöttetek, és ti felelősök vagytok érte. Ne tagadd meg a fiadat, aki ezért az eszméért halt meg" (95). A *Lefelé*ben Bessie-nek az apjához intézett hisztérikusan kitörő figyelmeztetése, „Csak egyszer ebben a rohadt életben, gondolj másokra is!" egybecseng Chris szavaival.

Keller és Lyman tipikus Miller karakterek, akik függetlenül attól, hogy „vajon végül is újraértékelik-e céljaikat és kitartóan védekező álláspontot vesznek-e fel, kényszeresen ragaszkodnak ahhoz, hogy igazolják döntéseiket; identitásuk megerősítését pedig az ego igenlés radikális cselekedetein keresztül valósítják meg" (Moss 79).²⁵ Mindketten hevesen védelmezik magukat azt hangoztatva, hogy mindent a családjuk egzisztenciális jólétéért tettek. Keller kétségbeesve fakad ki a feleségének, Kate-nek: „Érted tettem, Kate, kettőtökért, az egész életem értetek volt ..." (Miller, *Édes fiaim* 88). Lyman kitart amellett, hogy senkinek sem ártott. Ügyvéd barátja, Tom faggató kérdéseire, hogy Theot vajon boldogtalanná tette-e, visszavág: „Nagyon érdekes életet biztosítottam neki, megajándékoztam egy szuper lánnyal és nagyon gazdaggá tettem. Miféle kárról beszélsz itt nekem?" (Miller, *Lefelé* 26). Keller tragikus hős, aki az életét áldozza a morális tisztulásért és igazságért. Az 1980-as évek Lyman-jának azonban nincs bűntudata, mivel nincs többé erkölcsi norma és parancs, csak önzés és becstelenség. A kort adekvátan jellemzi Lyman életfilozófiája, melyet Tomnak fejt ki: „Mindannyian mindig magunkra gondolunk, öregem, csakis magunkra, és néha bedobunk egy-egy bűnbánó fohászt. Ezt a piszkos gyakorlatot nevezzük erkölcsös életnek" (50). Lyman tragikomikus hős, aki az értékvesztett társadalomban próbálja a helyét keresni, de csak nyughatatlanságot talál fizikai és lelki értelemben egyaránt. Állandóan úton van a két felesége lakóhelye, New York és Elmira között, békét keres mindkettőjüknél, de csak pillanatnyi örömök jutnak neki, miközben mindenkit megsebez, akit állítólag szeret.

A kórtermi helyszín meghatározza a drámai szerkezetet, hiszen a legmegfelelőbb környezet, hogy a beteg számot vessen eddigi életével, szembenézzen múltjával. A múlt felidézése és megidézése több formában és több síkon folyik a darabban. A múlt megismerését az ibseni realista színműből jól ismert külső karakter bevonása katalizátorként segíti elő. Ezt a szerepet Tom Wilson, Lyman ügyvéd barátja tölti be, aki kérdéseivel segíti a házassági háromszög tagjainak emlékezését. Miller hatásosan ötvözi a korábbi műveiben használt dramaturgiai eljárásokat a múlttal való szembenézésre: egyrészt információ

---

²⁵ „whether they eventually revise their objectives or remain rigidly defensive, are motivated by an obsession to justify themselves; they fix their identities through radical acts of ego-assertion".

formájában a párbeszédekben, másrészt újra átélt és eljátszott múltbeli jelenetekben. A *Lefelében* tovább fejleszti, mintegy sűríti ezt a két módszert. Több helyszín és idősík egymásra csúsztatása a szereplők több énjének együttes jelenlétét, így összetettebb jellemábrázolást tesz lehetővé. A kilenc évvel ezelőtti afrikai szafari csodálatosan maradandó élmény Theonak és Bessie-nek: „ó, az a csodálatos szafari!" (14); Lyman viszont legválságosabb pillanatát élte ott át farkasszemet nézve, de végül is megmenekülve egy oroszlántól. A kórházi szobában Theo vádolja Lymant, milyen szenvedést okozott neki, Lyman viszont önsajnálattal telítve vág vissza: „az egyetlen, aki ez alatt a kilenc év alatt igazán szenvedett, *az én voltam*! (59) Ezzel egyidőben az oroszlán üvöltése és a kezében távcsövet tartó Bessie-re irányuló fény a múlt helyszínét idézi fel, miközben Theo mondata és Lyman reagálása még a jelenben van, ily módon érzékeltetve a múlt és jelen együttes jelenlétét:

(*Kiugrik az ágyból, miközben egy óriási, visszhangzó bőgés tölti be a színházat – egy oroszlán bőgése. A fény Bessie-re irányul, aki valamit néz egy távcsövön keresztül. Rajta rövidnadrág, trópusi sisak, keki szafari dzseki.*)
THEO. Te és a szenvedés. Hová lett a töviskoszorú a fejedről?
(*Keserűen nevet, megpróbálja kitartani, Bessie felé indul. Amikor eléri Bessie szféráját, a nevetés elhalkul, egy piknikkosárból kiemel egy trópusi sisakot, a fejére teszi. A dialógusban nincs szünet.*)
LYMAN. ... Hát te minek neveznéd? Néztem a gyanútlan, boldog arcotokat, tudván, hogy milyen törékeny ez a boldogság. Ez talán nem szenvedés? Micsoda felelősség!
(*A két nő mögé áll, ő is elnéz a távolba, kezével árnyékolja a szemét*). (59)

A különböző terek – fizikai, mentális és pszichikai – mind egyszerre vannak jelen a színpadon és a szereplők emlékezetében. A szereplők ki-be járkálnak múltbeli és jelenlegi énjük között, így érzékeltetve a múlt folytonos jelenlétét a történésekben és cselekedetekben.

A súlyos sérüléseket szenvedett beteg nem mindig tiszta tudatállapotából kivetülő képek, jelenetek kiváló lehetőséget adnak a valóság és az álom, a valóság és a képzelet közti határok eltűnésére, valamint a főszereplő zaklatott lelkiállapotának megmutatására. Ezek a határátlépések szürrealista jeleneteket eredményeznek. A nyitó jelenet a tragédia, komédia és bohózat elemeit ötvöző álomképek igen hatásos keveréke. A szürrealista látomások Lyman feszültségét és félelmét vetítik ki. Mikor megtudja, hogy Mrs. Felt a váróban ül – de melyik? – kicsúszik a gipszből és odasomfordál a kórházi váróban ülő feleségéhez és kétségbeesetten zokogó lányához, figyelve a reakciójukat. Megelégedéssel nyugtázza, milyen nagyszerű felesége van: „Hát igen! Ilyen az én Theom! Micsoda tartás!" (6). Ezután „szemtanúja" lesz a bigámiáját leleplező jelenetnek, Theo és Leah találkozásának:

THEO. Mi huszonöt éve vagyunk házasok. Ő a lányunk, Bessie.
LEAH. A mi fiunk Benjamin. Lyman apja után és Alexander a dédanyja után. Benjamin Alexander Felt.
THEO. (*majdhogynem leplezetlen gúnnyal*) Gratulálok.
LEAH. Sajnálom. Nem tudta.
THEO. Miről beszél! *Mit* nem tudtam?
LEAH. Már több mint kilenc éve, hogy összeházasodtunk, Mrs. Felt.
THEO. Magának túl élénk a fantáziája, kedvesem. Ki kellene józanodnia.
LEAH. A házassági anyakönyvi kivonat, gondolom, elég bizonyíték. Vagy Lyman végrendelete.
THEO. (*gúnyosan*) Amiben nyilván magát nevezi meg feleségként!
LEAH. Hát persze. Ki mást. (*hosszú szünet*) Nem vált el magától ...
BESSIE. (*a megsemmisült anyjára pillant. Csendesen, majdnem bocsánatkérően*) Nem. (13-14)

Egy másik rémálomszerű jelenetben Lyman azt képzeli, hogy Theo és Leah a kórházi ágya két oldalán levő emelvényen állnak és nagy egyetértésben, vidáman megbeszélik, milyen ételt adjanak a férjüknek, sőt még döntenek a házimunkák elosztásáról is. Itt a következő instrukció szerepel:

(Leah és Theo jelennek meg, egy-egy oldalán, emelt talapzaton, mint két kőből faragott istennő. Mindkettőjükön kötény, hajukban masni. De a mozdulatlanságukban van valami félelmetes, amikor a kísérteties álom-fény rájuk talál. Hosszú pillanatok múlva, életre kelnek. Beszédstílusuk magasztos, félelmetes, tündéri.) (46)

Amikor kezükben konyhakéssel közelednek hozzá, Lyman „csapkod, forgolódik a rémülettől, ... levegő után kapkod" (48) és rémálmából felébredve a nővér nyugtatja meg.

A *Lefelé* egy gyújtópontú kezdete párhuzamba állítható *Az ügynök halálá*nak szerkezetével, amelyről Miller a következőt írja: „amire itt [*Az ügynök halálá*ban] szükség volt, nem volt az sem a feszültségnek folytonosan fokozódó, felfelé ívelő vonala, sem a mind izgalmasabb várakozásnak egyre szűkülő kúpja, hanem valamilyen tömb, egyetlen húr, amely már a darab elején adva van és minden hangnemet, minden dallamot magában foglal" (*A realizmusról* 32). Hasonlóképpen, a *Lefelé* nyitó jelenetében ismertté válik Lyman bűne. A csúcsponttal induló drámai szerkezet, „a végzetes titok"-kal való szembesülés elindítja mindhárom fél számára az egymáshoz való viszonyulás vizsgálatát és a saját illúziójukkal való leszámolásra készteti őket. Mintha „egy tömbből" válnának ki a hangok, a feleségek és a férj nézőpontjai és érvei, melyeket a külső karakter, Tom Wilson segít előhívni. Ezzel a szerkesztési elvvel Millernek sikerül különböző perspektívájú, egymást keresztező és kiegészítő történeteket létrehoznia. A sokoldalú jellemábrázolás az emlékek felborult sorrendiségével, visszaemlékezéssel, hallucinációk és rémálmok kombinációjával válik valóra.

A *Lefelé*ben Miller megszünteti az amerikai drámában általános, és saját korábbi darabjaiban is uralkodó sztereotíp Madonna-szajha dichotómiát a nőábrázolásban. Rita Felski megállapítása, hogy az amerikai dráma fővonulatában a női szereplőket rendszerint két szélsőséges helyzetben ábrázolják, vagy Madonnáknak, vagy szajháknak (26). Gayle Austin feminista kritikus azzal vádolja Millert, hogy *Az ügynökben* felállította a komoly amerikai színdarab paradigmáját, mely szerint „a darab mindent elsöprő hatása az, hogy a férfiak számára a szex semmitmondó a nővel, az anyák és feleségek szükségesek, de szürkék és színtelenek, és az a legfontosabb, hogy a férfi kapcsolata sikeres legyen más férfiakkal (50).[26] Miller korai darabjainak szexuálpolitikája a nőket ebbe a két, egymást kölcsönösen kizáró sztereotíp szerepbe (Madonna vagy szajha) zárja. A veszélyes, csábító és szexuálisam fenyegető nőt szembeállítja az engedékeny, alázatos, és gondoskodó feleség típusával. Welland megfogalmazásában „a szex romboló megnyilvánulása fékezhetetlen szenvedélyként jelenik meg, mely fenyegeti a férfi integritását és a családi szolidaritást" (117).[27] A csábító nők mindig megtépázzák a házasság és a család szentségét, amelyre példák Willy Loman szexuális kapcsolata a bostoni névtelen nővel *Az ügynök halálában*, John Proctor házasságtörése Abigaillel *A salemi boszorkányokban*, Eddie Carbone vérfertőzőnek ábrázolt próbálkozásai unokahúgával, Catherine-nel a *Pillantás a hídról*ban. Catherine különösen nagy fenyegetést jelent, mert őt nem könnyű besorolni a két kategória valamelyikébe, ugyanis egy személyben testesíti meg a két szélsőséget, így egyszerre fenyegeti a házasság szentségét és a férfi integritását. Az *Édes fiaim*ban Jeffrey D. Mason állítása szerint „szexualitás lappang a cselekmény mögött" (108),[28] mivel Ann szerelmes Chrisbe, a volt vőlegénye, Larry fivérébe, ugyanakkor Ann az, aki a külső katalizátor szerepét magára öltve kikényszeríti az igazság kiderülését Joe Keller bűnösségéről és Larry halálának körülményeiről.

A *Lefelé*ben Theo és Leah alakja követi a szereotipizált poláris ellentétpárt a külső megjelenésükben is. A Madonnát

---

[26] „The overpowering impression the play leaves is that, for men, sex with women is empty, mothers and wives are necessary but ineffectual, and the most important thing is to bond successfully with other men".
[27] „the destructive manifestations of sex as an undisciplined passion menacing alike the integrity of the man and the solidarity of the family".
[28] „Sexuality lurks beneath the action".

megtestesítő Theo külseje vagy öltözete nincs leírva, tehát semmitmondó, szokásos vagy szürke. Ezzel szemben Leah ruházata a "szajha" típust jelöli: *"A harmincon túl van. Egy kigombolt mosómedve bunda van rajta, lábán magas-sarkú cipő* (8). Új elem viszont, hogy a "szajha" Madonnává válik, mivel szokatlan módon, Lyman házasságtörő kapcsolata is házasságban él tovább. Míg a korábbi művekben a házasságon kívüli kapcsolat mindig gyengíti a házasságot mint együttélési formát, itt az eltitkolt kapcsolat legálissá válik. A veszélyes nők által elcsábított számos férfi főhős dilemmáját és gyötrelmét oldja meg itt Miller. Ami elképelhetetlen és törvénytelen volt Willy Loman, Proctor és Eddie számára, az 1980-as évek Amerikájában élő, gazdag Lyman esetében kivitelezhető.

Miller jellemábrázolásában a két feleség Lymanhoz fűződő emlékei és konfliktusai előtérbe kerülek, és így három szemszögből láttatja a szerző a múlt eseményeit. A feleségek önfeltárulkozó visszaemlékezéseiken keresztül próbálják megérteni múltjukat a saját nézőpontjukból. Eltérően a korábbi sematikus, férfi uralta nőtípusoktól Miller műveiben, itt a feleségek saját godolatokkal rendelkező önálló lények, akik képesek értékelni életüket és döntést hozni. A múltból felidézett, sokszor jelentéktelennek tűnő részletekkel a feleségek új megvilágításba helyezik a jelent. Visszaemlékezve házasságkötésükre, Leah döbbenten észleli, hogy teljesen elfelejtette ellenőrizni Lyman válási dokumentumait — amelyek nyilván nem is léteztek –, mert tökéletesen elvakult Lyman iránt érzett szerelmétől és Lyman elkötelezettségétől, hogy feleségül akarja venni:

> LEAH. Lyman ragaszkodott hozzá, hogy én a hotelben maradjak, amíg ő elintézi a válást. *(elhallgat)*
> TOM. És? ...
> LEAH. *(fejcsóválva)* Hogy lehettem ilyen vak! Pedig kíváncsi voltam milyen egy válási végzés ... (16)

Leah elismeri, hogy esküvője magában foglalta, sőt előrevetítette a katasztrofális véget: "Szeretném, ha egy új házsági fogadalmat tennénk. Például, 'Egyetlenem, fogadom, hogy mindig jó leszek hozzád, de időről időre lehet, hogy elhallgatom előled a fájdalmas igazságot'" (17). A győzedelmes Lyman ünnepli Leah-t a bátorságáért, de nem érzékeli, hogy Leah csalásban, félrevezetésben határozza meg kapcsolatuk alapszabályait. Leah lényegében ebben hasonlít Lymanhez. Theo is talál múltbeli jeleket, amelyek az egymástól való elidegenedésükre utalnak. Rémülten jön rá, hogy egyszer Lyman megpróbálta megölni őt egy kétnapos túrán a tengernél, mivel nem kiáltott neki eléggé erőteljesen, hogy figyelmeztesse a közelgő cápára. Ez a jelenet is illusztrálja múlt és jelen egymásra csúsztatását:

TOM. Nekem úgy tűnik, megmentette az életed.
THEO. Igen, eddig én is ezt szerettem volna hinni. De eljött az ideje, hogy szembenézzek a tényekkel ... Meg akart ölni. (*Theo előre jön; az emlék ismét felkavarja*) Hangosabban is mondhatta volna. Nem volt elég meggyőző ... (45)

Miller pontosan érzékelteti, hogyan alakul át Theo és Leah egymás iránt érzett kezdeti gyűlölete szolidaritássá és megértéssé, miután rájönnek, mindketten áldozatok. Theo először kritizálja a Leah típusú felelőtlen, könnyelmű fiatal nőket: „Borzalmas generáció. Bárkivel összefekszik, rakásra szüli a gyerekeket, és közben fennkölten szövegel a kozmikus felelősségtudatról, a környezetvédelemről, az emberi jogokról. Ha nem kellenének neki annyira a férfiak, leszbikus lenne" (30). Theo a jelenből tisztábban látja a múltat, és Leah-tól bocsánatot kér: „Bután viselkedtem, sajnálom. Semmi kifogásom maga ellen, higgye el, csak sosem szívleltem ezt a típust. Tudja, a meglepetés ... az, hogy feleségül vette magát, az borított ki ... Maga igazán érdekes nő ..." (75). Védelmébe veszi Leah-t, amikor Lyman gorombán elmagyarázza neki, hogy megmentette őt a magánytól: „Igenis megmentettelek ... a futó kalandok utáni magányos fürdőzésektől, a kefélés előtti kötelező csevegésektől, a személytelen óvszercsomagoktól az éjjeliszekrényeden" (77). Theo felháborodva reagál: „Hogy mondhatsz ilyet egy nőnek?" (77) Leah is kifejezi Theo iránti együttérzését, amikor Lyman győzedelmesnek hiszi magát, mert Theo elviselt mindent, amit vele tett. Leah hitványságára emlékezteti a férfit: "Mekkora szemét vagy te, Lyman. Ha te egyszer az életben őszinte lettél volna, ez az egész nem történik meg. Gyalázat!" (76)

A múlttal való szembenézés és a múlt megidézése Theot és Leah-t önkritikusan arra készteti, hogy leszámoljanak saját illúzióikkal és saját életük hazugságával is. A Lymanhoz fűződő kapcsolatukban egyikük sem veszi észre a figyelmeztető jeleket, hogy a férjük csaló, hazug és szélhámos, illetve most már értik, hogy mindezt nem akarták észrevenni. Az anyagi biztonságot élvező Leah az érzelmi biztonság miatt, míg Theo anyagi és érzelmi biztonságból marad. Leah elismeri, „azt hiszem megéreztem valamit, hogy nincs igazán minden rendben vele, de ... annyira szerelmes voltam bele ..." (23). Theo beismeri, hogy két komoly törés ellenére a férjével maradt: „Talán azért, mert megalkuvó vagyok. Az biztos, hogy régen nem voltam az, de most? ... Lyman gazdag és mindenki tiszteli. És mit kezdenék az életemmel egyedül?" (45)

Ugyancsak új vonás a nők ábrázolásában, hogy Miller korábbi darabjaival ellentétben itt a nők rendelkeznek cselekvési és döntési képességgel. Szemben a hagyományos családi drámával, amelyben „a férfiak döntenek, míg a nők csak remélhetik, hogy befolyásolják a férfiakat" (Mason 104),[29] itt a nők döntenek férfi ráhatás nélkül. Az ideális, puritán neveltetésű amerikai feleséget megtestesítő Theo számára azonban sokkal nehezebb lépéseket tenni az önállósulás felé, mint a független, fiatalabb nemzedékhez tartozó Leah-nek. Theot a férfi központú amerikai társadalom abba a szerepbe bújtatta, azt a feladatot szánta neki, hogy „a háztartás keretei között legyen önálló, és óvja az emberi és erkölcsi értékeket" (Kessler-Harris 228).[30] Az anyagi jólétben élő, és az önállóságát megteremtő Leah viszont munkája révén – ő is biztosítási ügynök – kilépett a publikus szférába, ahol hozzászokott a

---

[29] „men make the decisions, while women can only hope to influence them".
[30] „to be autonomous within the framework of the household, and to guard humane and moral values".

férfiakkal való versenyhez és megmérettetéshez. Azonosulva ennek a közegnek a kívánalmaival, Leah felvett olyan „férfiasnak" tartott jellemvonásokat, mint például a céltudatosság, határozottság, szerzési vágy és könyörtelenség. A kórházi helyszínen Lymant meghökkenti Leah-nek ez az oldala:

LEAH. Lyman, én most a vagyonmegosztásról akarok veled beszélni. Először is: a házat írasd a nevemre.
LYMAN. Micsoda?!
LEAH. Méghozzá most, azonnal. Tudom, hogy milyen szeretettel építetted, de nekem most Benny jövőjére kell gondolnom.
LYMAN. Leah, nagyon kérlek, várjunk még ezzel.
LEAH. És vissza akarom kapni a céget is!
LYMAN. Az nem lesz könnyű. A cég kétszer akkora, mint volt!
LEAH. Vissza akarom kapni. A cég nélküled is növekedett volna. Ne nézz hülyének! Ha kell, beperellek! (71)

Ezzel szemben Theo magát okolja: „nem csoda, hogy elege lett belőlem. Állandóan kritizáltam, szekíroztam" (76). Bevallja: „Azt hiszem mindig is tudtam, hogy milyen az apád. ... De élni kell, drágám, Élni kell ... egy ágyban, egy lakásban. És az ember megtanul tűrni" (76). Theo még hajlandó lenne visszafogadni Lymant: "otthon jobban tudok rá vigyázni. (*Leah-hoz*) Nekem úgysincs más dolgom, gondolom, maga meg nagyon elfoglalt" (76). Végül felülemelkedik ezeken az érzéseken és ő is elhagyja Lymant. Ezzel a lépéssel maga mögött hagyja a patriarchális társadalomban a nőnek szánt viselkedési mintákat is, ahol a "nő dolga az, hogy támogassa és ápolja a felfelé való küzdelemmel foglalkozó férfiakat" (Kessler-Harris 228).[31]

Hangsúlyos szerepük ellenére a női karaktereknek nincs központi jelentősége, hiszen az élesen szembenálló nőalakok két, egymással versengő ellentétes erő megtestesítői és valójában a férfi identitás válságát, útkeresését jelzik. Az értékvesztett, korlátok nélküli társadalomban minden

---

[31] „women have been called upon to provide support and to nurture men who are engaged in the upward struggle".

lehetségessé válik az egyén számára, melynek következménye, hogy az egyén elveszíti koherens énjét. Lyman így vall saját válságáról: „egy kötélen egyensúlyoztam egy mély szakadék fölött, végre mindent kockára tettem, hogy megtaláljam önmagam!" (60).Valamilyen módon újra létre kell hoznia énjét és Lyman azt választja, hogy „megkettőzi magát a feleségein keresztül" (Bigsby, *Critical* 368).[32] Miller drámáiban két, állandóan jelenlévő vonásként „ellentmondás van szenvedély és tudatosság, az irracionális impulzus és a racionalitás között" (Moss 85).[33] Theo racionális, „bátor", van tartása, (6), „rendíthetetlen"; gondoskodó és idealista, aki lányát így nyugtatja: „ebben az országban lassan mennek a dolgok, de a végén rájövünk, hol rontottuk el" (7). Intellektuálisan Theo Lyman felett áll, ezzel szemben Leah megszabadítja Lymant a félelmeitől. Az a Lyman, akit Leah ismer, autóversenyzéstől sem riad vissza, repülőt vezet, vadászik és mindig boldog. Leah bátorítja Lyman költői oldalát, hiszen ő maga is művészi fogékonysággal rendelkezik, minden vágya, hogy otthagyja az üzleti életet és szenvedélyének, a festésnek hódoljon. Leah segíti Lyman művészi, romantikus és zabolátlan énjének kibontakozását.

Lyman erkölcsi dilemmája nem oldódik meg, képtelen felfogni, hogy becsapott másokat és magát is. Mindkét felesége és a lánya elhagyja, Tom ítélete pedig így hangzik: „Nincs megoldás. Nem szabad, hogy tovább szeressétek. Nem szabad, mert elpusztít benneteket. Ő egy kezdet és vég nélküli valami ... ami csak önmagáért létezik" (78). Lyman a legvégső pillanatban sem látja be, milyen kárt okozott: "a lelkem barbár mélyén ma sem értem, mi a bűnöm?" (80). Magányra ítéltetik és arra, hogy szembe kell néznie saját magával. Lyman azzal "szembesül, hogy semmije sincs, és kutatja, keresi, mit jelenthet ez a változás" (Bigsby, *Critical* 379).[34] Lyman számára éppúgy

---

[32] „doubling himself through his wives".
[33] „there *is* in his plays a contradiction between passion and awareness, between irrational impulse and rational concept".
[34] „now faces the possibility of having nothing, exploring what that transformation might mean".

csupán ábránd marad a teljes család az 1980-as években, ahogy Lomannak negyven évvel korábban. Seress Ákos Attila megállapítása az 1940-es évek torz amerikai családmodelljéről, mely szerint "a család az emlékezetben létező eszme, aminek leginkább a hiánya tapasztalható csak", érvényes a negyven évvel későbbi Amerikában (51). Jóllehet a zárójelenet halvány reményt ad, hogy Lyman megtalálja helyét a világban. Miután elhagyták a feleségei és a lánya, magára marad a kórházi ágyon, könyörög a nővérnek, ne hagyja ott és mondja el, miről beszélgetnek a férjével és fiával a befagyott tavon. Kiderül, alkalmi vételeken vásárolt cipőkről. Az utolsó képben Lyman elképzeli a nővér által leírt idilli családi jelenetet és felkiált: „Milyen csodálatos minden! Milyen szép! Ahogy ők hárman ott ülnek a verő napfényben szikrázó jégen és olcsó cipőkről beszélnek!" (82)

A bájosan egyszerű, családi békét, együttérzést és megértést felidéző utolsó kép szöges ellentétben áll a nyitó kép zaklatott, ideges hangulatával és a bigámia leleplezésével. A kórházi helyszín keretként és szimbolikusan is egyértelműen utal a társadalmat és az egyént sújtó több kórra – önzés, hazugság, csalás –, ugyanakkor a gyógyulás, gyógyítás lehetőségére is. A záró képben a mentálisan elképzelt, nyugalmat és meghittséget sugalló családi együttlét egyben állásfoglalás is arról, hogy a család az ember egzisztenciális szükséglete.

Felhasznált irodalom

Austin, Gayle. *Feminist Theories for Dramatic Criticism*. Ann Arbor: U of Michigan P, 1990.
Bigsby, Christopher, W. E. *Arthur Miller: A Critical Study*. Cambridge: Cambridge UP, 2005.
---. „Miller in the Nineties". *The Cambridge Companion to Arthur Miller*. Szerk. Christopher Bigsby. Cambridge: Cambridge UP, 2003. 168-83.

---. *Modern American Drama: 1945-1990.* Cambridge: Cambridge UP, 1994.

DeRose, David J. „A Kind of Cavorting: Superpresence and Shepard's Family Dramas". *Rereading Shepard: Contemporary Critical Essays on the Plays of Sam Shepard.* Szerk. Leonard Wilcox. London: St. Martin's P, 1993. 131-49.

Felski, Rita. *Beyond Feminist Aesthetics: Feminist Literature and Social Change.* Cambridge: Harvard UP, 1989.

Kessler-Harris, Alice. „American Women and the American Character: A Feminist Perspective". *American Character and Culture in a Changing World: Some Twentieth-Century Perspectives.* Szerk. John A. Hague. Westport, CT: Greenwood, 1979. 227-42.

Kurdi, Mária. „'You Just Have to Love this World'. Arthur Miller's *The Last Yankee*". *Eger Journal of American Studies* 11 (1994): 63-77.

Mason, Jeffrey D. „Paper Dolls: Melodrama and Sexual Politics in Arthur Miller's Early Plays". *Feminist Rereadings of Modern American Drama.* Szerk. June Schlueter. Rutherford: Fairleigh Dickinson UP, 1989. 103-15.

Miller, Arthur. *Édes fiaim.* Ford. Benedek András. *Drámák.* Budapest: Európa, 2008.

---. *Lefelé a hegyről.* Ford. Szőllösy Judit. Budapest, 2001. MSS.

---. „A modern drámai forma és a család". *Arthur Miller: Drámaíró, színház, társadalom. Színházi írások.* Ford. Aniot Judit és Lengyel Ildikó. Szerk. Wéber Péter. Budapest: Magyar Színházi Intézet, 1978. 83-97.

---. *A realizmusról.* Ford. Dr. Varannai Aurél. Budapest: Színháztudományi Intézet, 1961.

Morse, Donald E. „Not the Nelsons: The Family Plays of Sam Shepard". *Twentieth-Century Theatre and Drama in English.* Szerk. Jürgen Kamm. Trier: Wissenschaftlicher, 1999. 733-51.

Moss, Leonard. „The Perspective of a Playwright". *Modern Critical Views: Arthur Miller.* Szerk. Harold Bloom. New York: Chelsea House, 1987. 79-92.

CENTENÁRIUMI ÍRÁSOK MŰVEIRŐL

Schaub, Martin. "Magic Meanings in Mamet's *Cryptogram*". *Modern Drama* 42.3 (1999): 326-37.

Seress Ákos Attila. "A család és a bunker: a család szerepe Arthur Miller drámáiban". *Arthur Miller öröksége: Centenáriumi írások műveiről.* Szerk. Kurdi Mária. Szeged: AMERICANA eBooks, 2015. 29-52.

Welland, Dennis. *Arthur Miller.* Edinburgh: Oliver and Boyd, 1961.

Watts, Janet. "The Ride Down Mount Miller". *The Observer*, 3 Nov. 1991: 9.

Balassa Zsófia

NARRATÍV (TUDAT)HATÁROKON.
ARTHUR MILLER: *A BŰNBEESÉS UTÁN*

„Látja, egyenesen belenéz [...] a gépbe. Az nagyon nehéz dolog ám, tudja-e ... teljesen egyenesen belenézni a gépbe. – Úgy érti, hogy magára néztem, igaz?" (Miller, *A bűnbeesés után* 119). Arthur Miller *A bűnbeesés után* (*After the Fall*, 1964) című drámájából Maggie és Quentin, a női és férfi főszereplő apró, jelentéktelennek látszó dialógusfoszlánya a fenti idézet. Miller drámájának alapszituációjára, dramaturgiájára utaló, többrétegű metaforaként is értelmezhető. A fényképezőgépbe nézés a kész fotón kitekintésként jelenik meg, a megörökített (fiktív) alak ezzel kinéz a műalkotásból, mintegy kapcsolatot teremt a mű befogadójával, a fotográfia esetében a fényképet néző személlyel. Ezzel idézőjelbe teszi a műalkotás fikciós határait, tudomásul veszi a befogadót, sőt, a mű részeként értelmezi. Hidat teremt a befogadó és a műalkotás által reprezentált fikciós világ között. A kamerába nézés toposza előhívja a vallomás szituációját is, a másik szemébe nézéssel egyúttal befelé, magunkba is tekintünk.

A bűnbeesés után műfajilag, elbeszélés-technikailag, dramaturgiai eszközeiben és instrukcióiban – vélt vagy valós – határok metszetében helyezkedik el. Quentin a történet során nem csak a fényképezőgépbe néz bele, hanem saját lelkébe is; a befogadó szemébe mondja életét, traumáit, filozofikus kérdéseit. A dráma vallomásos, visszaemlékező szerkezete reflektál a befogadó/néző létezésére – annak ellenére, hogy a Hallgató az elmesélés fikcióbeli címzettje. A fikciós rétegek keveredése, a valós(nak hitt) és fiktív események szövete implikálja a dráma-narratológiai, műfaji és dramaturgiai elemzési szempontok egyidejű, hálószerű alkalmazását. *A bűnbeesés után* a monodráma, a memory-play, a tudatfolyam fogalmát hívja elő, de tárgyalásakor kihagyhatatlan a drámai elbeszélő, az emlékező narrátor szerepének mélyebb elemzése is.

Arthur Miller *A bűnbeesés után* című drámájában Quentin fejében járunk, az ő – hol jobban, hol kevésbé – asszociatív módon működő emlékezetébe nyerünk betekintést. Megismerjük kapcsolatát feleségeivel és barátnőivel, az 1950-es évek Amerikájának politikai besúgó gyakorlatát, a második világháborús bűnök iránt való felelősségvállalás kérdését. A dráma témája és szerkezete számos megközelítési módot kínál.

Neil Carson szerint *A bűnbeesés után* Miller legkísérletezőbb műve, kombinálja a részletes pszichológiai portrét a társadalomkritikával és a végső egyetemes értelem keresésével (110). Quentin alakja részben Miller visszatekintése saját mentális és emocionális fejlődésére, de figurája nem csak konkrét személy, hanem egyben Akárki is, aki túlélésének lehetőségeit keresi (Carson 111). „*Üres bírói szék*" előtt kell felelnie életéért, először tagadva, majd beismerve saját bűnösségét. Útkeresése közben elveszti a hitet, hogy van abszolút ítélet, amely külön tudja választani a jót a rossztól, a bűnöst az ártatlantól (Carson 121). Quentin jogi világában az üres bírói szék az ítélő, az abszolút bíráló hiányát szimbolizálja. Christopher W. E. Bigsby szerint a bíró hiánya kövtetkeztében Quentin „szabadságra van ítélve" („was condemned to be free") (134). Derek Peter Royal „egzisztencialista Akárkinek" („an existential Everyman") nevezi (199) a főhőst, összekapcsolva ezzel Miller drámáját a camus-i egzisztencializmussal és Albert Camus *A bukás* (*La Chute*, 1956) című művével, amellyel gyakran vetik össze Miller drámáját. Számos tanulmány szól Camus és Miller művének szerkezeti és tartalmi hasonlóságáról, kidomborítva ezzel *A bűnbeesés után* filozófiai aspektusait. A bűnösség kérdése a koncentrációs tábor képében, annak meglátogatásában és a német barátnő, Holga kapcsán a dráma történetében is tematizálódik, valamint a *mise-en-scene*-ben értelmező szerepet is kap. A haláltábor egyik tornya állandó része a díszletnek, előtűnik, amikor a szereplők bántják egymást a színpadon, ezzel válva – erős, de nem túlságosan összetett – szimbólumává a kollektív és egyéni bűnösségnek. Allen J. Koppenhaver az elidegenedést kapcsolja a torony képéhez, az emberek embertelenségének jelképeként értelmezi (208). A bűneivel szembenézni próbáló főhős vallomása nem csak egy egyén gyónása, hanem egy egész generációé, akiknek muszáj kategorizálniuk a bűneiket, hogy megérthessék azokat (Bigsby 125). Miller műve egy olyan időszak társadalmi drámája, amely belebukott abba, hogy „megtanulja a második világháború leckéjét" (Bigsby 136).[35]

A bűnbeesés után azonban keletkezésekor nem elsősorban filozofikus, hanem inkább életrajzi vonatkozásai miatt vált híressé/hírhedtté. A drámában fellelhető életrajzi elemeket számos kritikus vizsgálta már, továbbá bulvár- és közéleti lapok foglalkoztak az író magánéleti kérdéseivel, a *Newsweek*, a *Time* és a *Life* magazin is részletesen beszámolt ezekről (Koppenhaver 206). Maggie figurája kulcspontja ennek a párhuzamnak, ihletője Miller második felesége, Marilyn Monroe volt. Ez az „életrajzi" olvasat azonban nem hogy elősegítené, hanem inkább hátráltatja a mű befogadását. Ráadásul a dráma visszatekintő és emlékező szerkezete olyan mértékű szubjektivitást, személyességet hordoz, amely önmagában életrajzi hatásúvá tenne bármilyen történetet. A történetmondás szubjektivitása lehetetlenné teszi azt is, hogy tényként értelmezzük Quentin elmondásának bármely részletét. Az emlékezés és Quentin narrátori funkciója többszörösen is felhívja a befogadó figyelmét arra, hogy a történet, amit hallunk, a narrátor története, rajta múlik, hogy mennyire torzítja el – tényszerűnek tehát semmiképpen sem értelmezhető (Fludernik 371). Ha Miller célja a drámával saját

---

[35] „to learn the lessons of the Second World War".

életepizódjainak dramatizálása lenne, akkor Quentin motivációját hiányolnánk. Ennek ellenére az életrajzi olvasatot erősítette az ősbemutató is (1964, rendező Elia Kazan), ahol a Maggie-t játszó Barbara Loden egyértelműen Marilynt idézte. A bemutató vegyes fogadtatásban részesült, a nézők és a kritikusok nem láttak benne többet, mint Miller személyes életének feldolgozását (Carson 111-12). Az ANTA Washington Square Garden sem volt ideális helyszín, nyitott és széles színpada ellentétben állt a mű intimitásával (Carson 112). Franco Zefirelli szintén 1964-es rendezése már érzékenyebben nyúlt a drámához. A színpadra vitel egyik nehézségét, az utalások és felvillanások gyorsaságát és tünékenységét fémrudakra szerelt fekete drapériával és backstage liftekkel oldották meg a római Theatro Eliseo színpadán (Carson 112). Monika Vitti játéka felbontotta a Maggie és Marilyn közötti egyenlőségjelet, így az előadás el tudott mozdulni az életrajzi vonatkozások illusztrálásától a filozófiai kérdések felé.

A dráma első instrukciója: „*A cselekmény Quentin lelkében, gondolatvilágában és emlékezetében játszódik*" (7) kijelöli a főszereplőt, a történet helyét és műfaját is: memory-play, azaz emlékezet-dráma, akárcsak Tennessee Williams *Üvegfigurák (The Glass Menagerie*, 1945) című műve. A Miller-drámában olvasható történések – legalábbis egy részük – a főszereplő fejében játszódnak. Quentin visszaemlékezése azonban egyáltalán nem lineáris, vagy koherens, inkább flashback-szerű, felvillanó emlékképek és szimbólumok összessége. A jelenetek egymásutánisága és egymáshoz (nem) kapcsolódása a tudatfolyam regények elbeszéléstechnikáját idézi, annak drámai formáját próbálja megteremteni (Royal 159). A tudatfolyam ábrázolása mint elbeszéléstechnika a modern regény „találmánya". Fogalma diffúz, legtöbb leírása a véletlenszerű, asszociatív, logikátlan gondolatok egymásutániságát emeli ki, ami az emberi gondolkodás működését hivatott érzékeltetni (Palmer 571). Miller ezt az asszociativitást és véletlenszerűséget igyekezett – a regényektől eltérő módon – szövegek helyett a színpadkép segítségével érzékelteti. „Az összhatás ... olyan, mint egy önmaga felszínét és mélységeit kutató lélek kavargó, szüntelenül változó, pillanatnyi belvilága" (8). A dráma – az első felvonás mindenképpen – nélkülözi a folyamatos, kronologikus történetet: a rövidebb vagy hosszabb dramatikus dialógusokat Quentin filozofálása zavarja meg, illetve köti össze. A második felvonás, Maggie történetének elmesélése sokkal követhetőbb, mint az első felvonás jelenetmorzsái. Kronologikus felépítésű, végig megtartja fókuszát, az első felvonásban megismert szereplők egy-egy pillanat erejéig villannak fel. A drámának erre a részére tehát kevésbé vonatkoznak a tudatfolyam-ábrázolás jellemzői. Quentin belső világának reprezentálását nem a szöveg, hanem a színpadi instrukciók adják, látomásszerű megjelenésekre, gyors fel- és eltűnésekre, összefüggéstelen felkiáltásokra való utalásokkal.

Az emberi psziché színpadi reprezentálásának gyökereit Nyikolaj Jevrejnov 20. század eleji teátrális monodráma[36] felfogásától eredeztethetjük. *Introduction to Monodrama* (Bevezetés a monodrámába, 1908) című kiáltványában olyan színházesztétikát vázol fel, ahol az előadás középpontjában egyetlen szereplő áll, az ő érzéseit, világát, gondolatait látják és tapasztalják a nézők. Az események és a többi színpadi karakter is őt erősíti (Golub 36). A néző teljesen magáévá teszi az általa prezentált nézőpontot, együtt tapasztal a főhőssel (Golub 36), akinek világán kívül nem létezik másik a színpadon, a karakterek is általa képződnek meg, nincs független létezésük (Taroff 100). Jevrejnov, mint sok más kortársa, úgy gondolta, hogy a szavak kifejező ereje nem elég a színházban ezen hatás eléréséhez, így a monodráma esszenciájának a *mise-en-scene*-t jelöli meg (idézi Taroff 95). A nézőpontok hangsúlyozása miatt fontossá válnak például a gyorsan változó színek (Taroff 96) – ez az, ami *A bűnbeesés után* szerzői instrukciók szerinti színpadra állítását oly nehézzé teszi. Jevrejnov elképzelése nem pontosan kidolgozott, számos kritika érte. Az egyik szerint a belső világ reprezentálása nem elégséges egy drámai cselekményhez, mert így nem alakulhat ki konfliktus. Jevrejnov azzal érvel, hogy a

---

[36]A monodráma elnevezés itt nem azonos a köznyelvi, egyetlen beszélő által előadott monológgal.

konfliktus önmegismerő utazás vagy belső konfliktus is lehet, tehát az interperszonális kapcsolatok helyett az egyén pszichéjének belsejébe helyezi a konfliktus lehetőségét (idézi Taroff 346.) Quentin a saját múltjába vezető utat járja végig, bár filozófiai kérdései belső konfliktusként is felfoghatók. Kurt Taroff ezek alapján memory-monodrama-nak, azaz emlékezésmonodrámának nevezi Miller művét (346), bár ez a fogalom nem ad hozzá az értelmezéshez, pusztán Taroff történeti monodráma rendszerébe illeszti a drámát. Az emlékezés aktusát a monológoknál is gyakran megfigyelhető konvenció, a Hallgató jelen(nem)léte racionalizálja. Nem teljesen képzeletbeli figura, alakjának körvonalait érzékeljük a drámában. Quentin hiányos dialógusaiban egyértelmű, hogy a Hallgató is beszél, csak mi nem halljuk, illetve konkrétumokat is megtudunk róla, például, hogy Dél-Amerikában nyaralt, és Quentin telefonon hívta fel találkozás céljából. Ezek az információk, valamint Quentin és a Hallgató találkozása alkotják az elsődleges fikciós világot, amely keretbe foglalja Quentin emlékezését; az utolsó reptéri jelenetben, Holga érkezésekor ehhez a világhoz tér vissza. A Hallgató helyét a színpad nézőtér felőli szélére tett szék jelöli. Később a szék, mint Quentin fikciós rétegek közötti viszonyítási pontja tételeződik, segítve ezzel a befogadót az elbeszélő pillanatnyi helyének értelmezésében. A szék topográfiailag fontos jel, a drámai jelen idő helye, minden más – a színpad többi része – a múlthoz tartozik. Noha Brian Richardson szerint a drámákban az elbeszélés ideje és az elbeszélt idő (cselekmény ideje) nem válik ketté, ellentétben az epikus narratívákkal („Drama and Narrative" 148), Miller szövegében mégis megfigyelhetjük, hogy a memory-play ez alól kivételt képez. Quentin múlt reprezentálása elkülönül az elbeszélés jelenétől. Szintén felfedezhetjük, amit Richardson a (narratív) fikciókra vonatkoztatva állít: az időbeliség egy mesterséges konstrukció, az események időtartama és idővonala csak az interpretációs aktus alatt konstruálódik („Drama and Narrative" 148), ha konstruálódik egyáltalán.

ARTHUR MILLER ÖRÖKSÉGE

Quentin élete felvillanó epizódjainak sorrendje is csak a befogadóban áll(hat) össze kronologikus lánccá.

A Hallgatóhoz beszélés ad keretet a drámának, megteremti az elbeszélés szituációját, valamint utal a szövegben elhangzó üres bírói székre is. A Hallgató egyes értelmezések szerint lehet Isten vagy egy pszichoanalitikus, esetleg Quentin saját maga: „És nem maradt más, mint a soha véget nem érő vita önmagammal" (11). A psziché, a személy belső világának előtérbe kerülése a 19. század elejéhez köthető, a pszichiátria fejlődéséhez és a pszichoanalízis elterjedéséhez. A pszichoanalízis tematikusan is megjelenik a történetben – mindkét feleség terápiára jár. *A bűnbeesés után* alapszituációja, a láthatatlan személyhez beszélés, a monologizálás, a vallomástétel is jelzi Quentin abba vetett hitét, hogy szemtanú jelenlétében történetének elmondása által a karakter képes lehet újradefiniálni saját identitását (Borowski, Sugiera 22).

A drámai jelen és a reprezentált múlt szétválása, a narrátor jelenléte és az emlékezés aktusa kapcsán kijelenthetjük, hogy *A bűnbeesés után* magas fokú narrativitást hordoz, dramatikus és epikus elemek egyaránt megfigyelhetők felépítésében. A drámákban jelen lévő narrativitás leírását az teszi lehetővé, hogy a kétezres évek elejétől a klasszikus narratológiai iskolát felváltja a posztklasszikus irányzat, amely nem zárja ki, hogy hagyományosan nem narratív műveket is a narrratológia eszköztárával vizsgáljuk. Ezek az elemzések főleg a drámában fellelhető narratív elemeket emelik ki: hírnökök beszédét, prológusokat, epilógusokat (Sommer, Hühn 235) – olyan elemeket, melyek a dialogikus dráma részeként, abba beágyazva működnek. Miller drámájában – a memory-play-ekre jellemzően – a beágyazottság megfordul, és az epikus keretbe ágyazódnak bele a drámai jelenetek. A klasszikus elbeszélés elméletek – például Genette-é – szerint a dráma műfaja azért nem narratív, mert nem hordoz közvetítettséget (Jahn 666). A fordított beágyazottsággal azonban az epikus elbeszélés részeként a dramatikus-dialogikus részek is közvetítettek lesznek, másodlagos beágyazott fikcióként viselkednek; Quentin szemén keresztül látjuk azt is, amikor Lou vagy

Maggie beszél. Az epika felől közelítve a tudatfolyam-ábrázolás a közvetítetlenségre törekszik (Palmer 571) a szükségszerűen közvetített (nyelvi)közegben. A drámai környezetben ez éppen fordítva működik. Az emlékezés, a tudatfolyam-ábrázolás lesz az, ami az epikus szövegben drámai (közvetítetlen), a drámai szövegben pedig epikus(közvetített) hatást kelt. A narrátor funkciója legalább annyira értelmezhető prózai eszközként, mint drámai konvencióként. Történetileg a görög *rhapsodos*, azaz a hírmondó figurája lehet az egyik elődje. A drámai elbeszélő szerepeltetése segíti a színpadi információ átadását; konkrét tényeket oszthat meg a nézőkkel a helyről és időről, de színen kívüli események sűrített elmondása is a narrátor (hírnök) szerepe. Deborah R. Geis szerint az egyik oka a monológok – tulajdonképpen színpadi elbeszélések – elterjedésének, hogy a színház nem tud – a filmmel ellentétben – tetszőleges módon ugrálni időben és térben, ezért elbeszéléssel kénytelen transzformálni a váltásokat (13). Miller drámájában azonban rendhagyó módon nem a monológok, hanem a dialogikus részek transzformálják a teret, felvillanó jelenetek csaponganak térben és időben. A narratív keret – Quentin elbeszélése – nem dinamikus, fikciós szinten a Hallgatóval való beszélgetés és Holga érkezése tölti ki. Richardson meghatározása szerint a memory-play olyan dráma, ahol a narrátor egyszerre elbeszél és előad („Voice and Narration" 682). Az elbeszélés és előadás kettős feladata a narrátor funkciójához köthető, melyet Ansgar Nünning és Roy Sommer a mimetikus és diegetikus narráció különbségével fogalmaz meg. A diegetikus narráció típusa szóban reprezentálja a történetet, feltételezi egy beszélő jelenlétét, egy kommunikációs szituációt és egy címzettet, ezzel hangsúlyozva a kommunikációs paradigmát (Nünning, Sommer 338-39). A mimetikus narráció hagyományosan a drámai formákhoz köthető megmutatással (mimesis) reprezentálja az eseményeket, szereplőket, beszédet. Ebben az esetben a narrativitás mértéke a történet eseménydússágán múlik. Kognitív szempontból a mimetikus narráció az illúziót emeli ki (karakterek illúziója, cselekvés illúziója), a diegetikus pedig az elbeszélő illúzióját.

ARTHUR MILLER ÖRÖKSÉGE

Nünning és Sommer ezzel a felosztással közös alapra helyezik a diegetikus és mimetikus történetmesélést, fogalmi egyszerűséget és átjárhatóságot biztosítva a történetmesélési módok között. A történetek elmondása (telling) mellé emelik a történetek megmutatás (showing) általi reprezentálását. *A bűnbeesés után* esetében pedig segítenek leírni és elkülöníteni a múltban játszódó mimetikus, és a fikciós, jelen idejű diegetikus részeket. A drámában a diegetikus és mimetikus (elbeszélő és drámai) részek váltják egymást, felvonásonként különböző intenzitással. Mindkét mód történeteket mesél el, a különbség csak eszközeikben fedezhető fel.

Quentin figurája a darab elbeszélője, ő a diegetikus narráció forrása, de funkciója ennél több, generatív–alkotó–narrátor is, aki része a fikciós világnak, azaz homodiegetikusként is leírható (Richardson, „Drama and Narrative" 152). Ez visszautal a tudatfolyam ábrázolás színházi lehetőségeire: Monika Fludernik szerint a memory-play homodiegetikus narrátorának funkciója az, ami a belső monológ jellemzőit átemeli a színpadi dramatikus diskurzusba (368). De hogyan lehet Quentin szereplő a saját fejében? Hogyan tud egyszerre elbeszélni és jelen lenni? A dráma szerkezete ebben a kérdésben következetlen. Quentin néhol karakter a saját emlékeiben, néhol pedig fölöttük áll, nézve őket – például az Anyával beszélő láthatatlan kisfiú Quentin esetében – több esetben pedig kommentálja az eseményeket. Kommentárjai a nézőkhöz/Hallgatóhoz szólnak, a *félre* színházi konvenciójának alkalmazásával. Úgy beszél ki a jelenetből, hogy partnere nem hallja azt. Quentin *félre* mondatai – a formára jellemző módon (Pfister 138) – gyakran ironikusak, a szereplők valóságából kiemelkedve összekacsint a nézővel/Hallgatóval. A többi karakter funkciója is csúszkál, néhol színészek a múlt drámájában, néha pedig vádlottként jelennek meg a fiktív jelenben (Carson 113). Carson szerint Quentin tudatossági szintjeinek tisztázatlansága is zavaró, nem tudjuk, hogy milyen hatással vannak saját múltbeli cselekedetei a karakterek jelenbeli emlékére. Például nem befolyásolják a Maggie-vel való kezdeti boldogságra emlékezését a később történtek, annak

82

ellenére, hogy az emlékezés jelenében már tisztában van kettőjük történetének végkimenetelével (114). Ha azonban tisztán elkülönülnének Quentin különböző szerepei, akkor a mimetikus részeknél nem tudna reflektálni önmagára, helyzetére. Ez esetben azonban az emlékezés lehetősége, a narrátori szituáció kérdőjeleződne meg. Quentin kommentárjainak címzettje sem minden esetben tisztázott. Legtöbbször a mimetikus részek, azaz a jelenetek közben a Hallgatóhoz szól, értelmezve a történéseket. Ebből úgy tűnik, hogy a Hallgató látja az emlékezés-jeleneteket, nem csak a kávézóban ül és Quentinnel beszélget. A Hallgató a nézés – és a színpad széli elhelyezés – miatt a néző egyértelmű reprezentációjaként funkcionál, akárcsak a monológdrámák esetében. A nézők jelenlétének tudomásul vétele és szerkezetbe építése a szöveget színházilag önreflexívvé alakítja, a szemtanú/bíró/Isten/pszichoanalitikus Hallgató helyébe a mindenkori néző kerül, és ezzel a dráma reflektál önnön teatralitására. A kommunikáció nem a fikciós világban valósul meg a szereplők között, hanem az úgynevezett theatron-tengely (Lehmann 150) mentén a fikciós és nem-fikciós világ között. Még érdekesebbé válik a reflexió, ha a drámát Quentin két énjének vitájaként értelmezzük, akkor az önreflexív szerkezettel a nézők válnak Quentin másik felévé, sokszorozva ezzel a korábban említett Akárki szerepet – mindenki Quentinné válik. Néhol ez a kommunikáció azonban egyáltalán nem egyértelmű. Mielőtt Maggie-vel találkozik, Quentin az instrukciók szerint aktatáskájával egy padon ül és beszél (73). Nem a Hallgatóhoz, nem kifelé az emlékezés mimetikus világából, hanem azon belül. Itt nem narrátori funkciójában látjuk főszereplőnket, hanem monologizáló karakterként. Monológot kapunk a narráción belül. Szerkezetileg értelmezhető a jelenség, de befogadóként zavart okozhat, hogy az epikus rész itt nem a diegetikus narráció része, hanem a mimetikus egyik eleme csupán. A dráma vége előtt nem sokkal a kiszólás egy újabb változatát láthatjuk Quentintől: „... kinek a nevében fordítasz hátat valaha is ... (*Kinéz a közönségre*) ... ha nem a saját nevedben? Quentin nevében?" (186). Vajon mi a szignifikáns különbség a láthatatlan Hallgatóhoz címzett megszólalás és a közönségre nézés között? Irányában semmi, hiszen a Hallgató a színpad szélén, a közönség előtt helyezkedik el. Akkor mi lehet az oka ennek az egyedülálló instrukciónak? Talán annak hangsúlyozása, hogy itt az önreflexív hatáson túl is egyértelművé teszi az instrukció, hogy Quentin azonosítható a közönség bármelyik tagjával. Egyedi szinten érthetőek a narrátori funkció ezen kiszólásai és rétegeik, de a túlzott halmozás kuszaságot teremt, amely nehezen értelmezhetővé és nem konzekvenssé teszi a mű szerkezetét.

Nem csak a kiszólások, kommentárok, hanem az instrukciók szerepe is tisztázatlan a szövegben. A drámai narratológia kutatásának korai szakaszában az instrukciók jelentették a „bizonyítékot" arra nézve, hogy létezik egy szervező, beszélő elv a drámában is, mely a közvetítetlen dialógusok között információkat szolgáltat a karakterekről, viselkedésükről, iróniájukról, mozgásukról. Az instrukció több, mint nem hangzó leírás, vagy mint előírás a későbbi rendezőnek, noha alapvetően az előadás során fizikai jelenlétként érzékelhető a színpadon (Pfister 14). Manfred Jahn példájával élve: a *„Hernani leveti a kabátját"* (*„Hernani removes his coat"*) instrukció például nem leírás, hanem diegetikus megállapítás (668). Ki lehet azonban ennek az instrukciónak mint elbeszélésnek a forrása? Nem lehet a drámai narrátor, hiszen az instrukció nem a szöveg része; másodlagos szöveg Roman Ingarden meghatározása szerint, nyomtatásban tipográfiailag is elkülönül a dialógustól (idézi Jahn 668). Nem hangzik el a színpadon, szövegelem csupán, történetileg a nyomtatás elterjedésével és a dráma mint irodalmi műfaj kialakulásával függ össze. Jahn az instrukciók határhelyzetének vizsgálatából kiindulva javasolja Seymour Chatman filmre alkalmazott narratív-hatóerő modelljének alkalmazását a drámára. Ez a szervező elv nem a genette-i „Ki beszél?" kérdésre válaszol, hanem arra, hogy mi és hogyan legyen elmesélve (Jahn 670). Egy megnyilatkozásokon túli hatóerő, ami akár meg is szólalhat, de szövegbéli megnyilatkozása nem feltétele létezésének (Jahn 670). A jelenségnek több

CENTENÁRIUMI ÍRÁSOK MŰVEIRŐL

megfogalmazása is létezik, Manfred Pfister az implicit szerző (implied author) terminussal írja le: ő az, aki koordinálja az idő és tér vonatkozásait és ezek összefüggését a történettel (5). Jahn Shakespeare *Periklész* című, epikus narrátorral operáló drámáját használja példaként a narratív hatóerő és az epikus narrátor elkülönítésére; itt az instrukciók a narratív hatóerőhöz köthetők, nem az epikus narrátorhoz (672). Jahn fejtegetései alapján megállapítható, hogy *A bűnbeesés után* instrukciói is egy narratív hatóerő „megszólalásai". Számos instrukció tagadhatatlanul inkább epikus, mintsem utasítás vagy leíró jellegű, például „*feketeség önti el a lelkét*" (35) „*megbukott*", „*ez már valami, de nem elég*", „*feszülten, nagyon ésszerűen magyaráz*", „*Quentin Louise szánalmára apellál*" (71), „*Louise nem néz rá, Quentin megérez valamit, amit győzelemnek gondol*" (89). Ezek a megjegyzések, értelmező kommentárok olyan hatást keltenek, mintha Quentin – akinek a fejében, emlékeiben játszódnak a jelenetek – kommentálná velük a történéseket. Ez azonban lehetetlen, hiszen az instrukciók kívül állnak Quentin világán. Még ha strukturálisan el is különíthető a narratív hatóerő és Quentin kommentárjai, hatásukban és stílusukban közel állnak egymáshoz, tovább bonyolítva a sokrétű (Miller) – Quentin– narratív hatóerő hálót, és ennek következményeként a fikciós világok határainak érzékelését is. Véleményem szerint erre a zavarra utal Carson is, mikor Quentin tudatállapotának és útjának zavartságát említi.

Lehetséges, hogy *A bűnbeesés után* túl sokat akar magába sűríteni: új, dramatikus kerettel rendelkező drámai tudatfolyam formát, filozófiai és egzisztencialista kérdéseket, egy férfi pszichéjének és emlékezetének működését, álomszerű díszletet és önéletrajzi elemek dramatizálását. A számtalan cél között elveszik a befogadó, nem kibogozhatóak a fikciós keretek, a drámai funkciók vagy a narratív rétegek. A szöveg a dráma és epika határán egyensúlyoz, dramatikus és epikus jellegeket is magában hordoz. Mindkét narrációs mód eszközeit használja, néhol rendkívül kusza módon, ami megnehezíti a mű elemzését, értelmezését. Következetlen, logikátlan módon tűnnek fel technikák, funkciók, témák – akárcsak a tudatfolyam ábrázolásokban a gondolatok. Ha a dráma célja szerkezetének következetlenségével is a tudatfolyam-ábrázolás stílusára utalni, akkor sikeresen saját maga metaforájává válhat. Saját kusza szerkezetével is az elbeszélés módját idézi.

Felhasznált irodalom

Bigsby, Christopher W. E. „The Fall and After: Arthur Miller's Confession". *Modern Drama* 10.2 (1967): 124-36.

Borowski, Mateusz, Małgorzata Sugiera. „Everybody's Stories: Monologue in Contemporary Playwriting from Quebec". *Monologues: Theatre, Performance, Subjectivity*. Szerk. Clare Wallace. Prague: Litteraria Pragensia, 2006. 17-39.

Carson, Neil. *Arthur Miller*. Hamburg: Peterson – Macmillan Verlag, 1982.

Fludernik, Monika. „Narration and Drama." *Theorizing Narrativity*. Szerk. John Pier, Jose Ángel, Garcia Landa. Berlin: de Gruyter, 2006. 355-83.

Geis, Deborah R. *Postmodern Theatric(k)s: Monologue in Contemporary American Drama*. Ann Arbor, Michigan: U of Michigan P, 1993.

Golub, Spencer. *The Theatre of Paradox and Transformation*. Anna Arbor, Michigan: U of Michigan Research P, 1984.

Jahn, Manfred. „Narrative Voice and Agency in Drama: Aspect of a Narratology of Drama". *New Literary History* 32 (2001): 659-79.

Koppenhaver, Allen J. „The Fall and After: Albert Camus and Arthur Miller". *Modern Drama* 9.2 (1966): 206-09.

Lehmann, Hans-Thies. *Posztdramatikus színház*. Ford. Kricsfalusi Beatrix, Berecz Zsuzsa, Schein Gábor. Budapest: Balassi Kiadó, 2009.

Miller, Arthur. *A bűnbeesés után – Alku*. Ford. Vajda Miklós, Budapest: Európa,1969.

CENTENÁRIUMI ÍRÁSOK MŰVEIRŐL

Nünning, Ansgar, Roy Sommer. „Diegetic and Mimetic Narrativity: Some further Steps towards a Narratology of Drama". John Pier et al. 329-52.

Palmer, Alan. „Stream of Conciousness and Interial Monologue". *Routledge Encyclopedia of Narrative Theory.* Szerk. David Herman et. al. London: Routledge, 2005. 570-71.

Pfister, Manfred. *Theory of Drama.* Ford. John Halliday. Cambridge: Cambridge UP, 1988.

Richardson, Brian. „Drama and Narrative". *The Cambridge Companion to Narrative.* Szerk. David Herman, Cambridge: Cambridge UP, 2007. 142-55.

---. „Voice and Narration in Postmodern Drama". *New Literary History* 32.3 (2001): 681-94.

Royal, Derek Parker. „Camusian Existencialism in Arthur Miller's *After the Fall*". *Modern Drama* 43.2 (2000): 192-203.

Sommer, Roy, Peter Hühn: „Narration in Poetry and Drama". *Handbook of Narratology.* Szerk. Peter Hühn et al. Berlin: De Gruyter, 2009. 229-38.

Taroff, Kurt. *The Mind's Stage: Monodrama as Historical Trend and Interpretative Strategy.* PhD Dissertation. The City of New York, 2005.

Ótott Márta

AZ ELZAVART MESSIÁS: RITUÁLÉ ÉS ABSZURD PROBLEMATIKÁJA ARTHUR MILLER *FELTÁMADÁS BLUES* CÍMŰ DRÁMÁJÁBAN

A Messiás távozik, ahelyett, hogy visszatérne
(Mason 165)

Bevezető

Arthur Miller *Resurrection Blues* (Feltámadás blues, 2002) című, utolsó előtti drámája kíméletlen humorú politikai szatíra. Miller ebben az ezredforduló Amerikájának értékeit parodizálja, miközben lehangoló képet fest róluk a megváltás áruba bocsájtásának motívumával. A cselekményt szervező, tervezett keresztre feszítés meghiúsulásának körülményei az abszurd dráma reményvesztettségét elevenítik fel. Jóllehet Martin Esslin abszurd drámáról és színházról alkotott elmélete nem csak az amerikai kontextusban megkérdőjelezhető, az ezredforduló amerikai drámájában egyes elemei új jelentőséget kapnak groteszk rituálékban megvalósulva bizonyos szerzőknél, ahogyan ez Edward Albee *Szilvia, a K. (The Goat, or Who Is Sylvia?* 2002, fordította Varró Dániel, magyar bemutató 2003) és Sam Shepard *Kicking a Dead Horse* (Döglött ló rugdosása,

2007) című drámáiban is látható. Az előbbi drámában Stevie megöli a férjét elcsábító kecskét, míg az utóbbiban Hobart sehogy sem tudja beletuszkolni elpusztult lovát az általa ásott sírgödörbe. Az Albee-szövegben az amerikai álmot már megvalósított, harmóniában élő család és Shepardnél a nehézségeket könnyedén megoldó vadnyugati hős illúziója menthetetlenül szertefoszlik. Miller drámájában a keresztre feszítés elmaradása, illetve elmaradásának oka rámutat arra, hogy a megváltás a karakterek, majd ennélfogva a drámában megjelenített ország — és a televíziós közvetítés ígérete miatt az egész világ — számára soha nem következhet be. Az új Messiás hirtelen eltűnése a helyi közösség vesztesége és traumája marad.

A jelen dolgozat nem azt vizsgálja, hogy a Miller-dráma mennyire hűen követi az Esslin által definiált abszurd dráma és színház hagyományait, illetve, hogy nevezhető-e abszurdnak. Sokkal inkább az a célja, hogy rámutasson, az abszurd egyes elemei hogyan jelennek meg a drámában, továbbá milyen összefüggésben vannak a dráma cselekményében megjelenő ironikus ritualitással. A műben megfigyelhető, abszurd drámához köthető elemek közé tartozik az üresség érzése, az üdvösség elvesztése; a groteszk/farce, a tragikomikum és az irónia eltúlzó használata, és végül a drámában uralkodó krízishelyzet feloldatlansága.

A ritualitás vizsgálatához elsősorban Catherine Bell *Ritual Theory, Ritual Practice* (Rituálé elmélet, rituálé gyakorlat, 1992) című könyvét hívom segítségül. Bell könyvében sorra veszi a rítuselmélet, antropológia, ideológiakritika és valláselmélet legfontosabb mérföldköveit, miközben újradefiniálja a rituálé és ritualizáció (ritualization) fogalmait. A dráma értelmezésében az általa megalkotott „megváltó hegemónia" (redemptive hegemony) elmélete hasznosnak bizonyulhat.

Az abszurd és a ritualitás összefüggéseinek vizsgálatával a jelen dolgozat azt igyekszik megfejteni, hogy miképpen regenerálja a reménytelenséget a Megváltó segítségének elutasítása, hiszen nemcsak a keresztre feszítés marad el, hanem meg is győzik a Megváltó szerepét betöltő férfit, hogy az emberiség még nem áll készen az eljövetelére és kereszthalálára. Azt várják a férfitől, hogy tagadja meg isteni mivoltát, melynek következményei visszataszítják a mélybe az ország legszegényebb polgárait. Fontos kérdés, hogy szabályosnak mondható-e egy olyan rituálé, amely nem a tervezettnek megfelelően zajlik le. Ezt a kérdést a belli elméletben megjelenő ideológiakritika segítségével fogom vizsgálni, amely egyben arra is választ adhat, hogy az abszurdra jellemző megváltoztathatatlanság motívuma itt hogyan érhető tetten.

Peter Nesteruk „Ritual and Identity in Late-Twentieth Century American Drama" („Rituálé és identitás a huszadik század végi amerikai drámában", 2005) című esszéjében elengedhetetlennek tartja a ritualitást a sikeres identitáskonstrukcióhoz és a társadalmi konfliktusok felvázolásához. Nesteruk az áldozati rítust tartja a ritualizált amerikai dráma legfontosabb elemének, melyen üdvözlendő módon főleg a hatvanas évek utáni, és főáramlaton kívüli szövegeket ért. Ezekben a szövegekben, Nesteruk szavaival, „tükröződik az expresszionizmus és az abszurd színház európai öröksége és, nem utolsó sorban, az Antonin Artaud kegyetlen színháza iránti elköteleződés" (44), melyek a stílusok keveredésével „kiaknázzák az avantgárd lehetőségeit," és gyakran a túlzó ritualitás kapja a legfőbb szerepet bennük (47).[37]

Nesteruk bebizonyítja, hogy ezek a rituálék feltérképezik a társadalmi feszültségeket, de feloldani nem tudják őket (60). A Miller-dráma ritualitása ezzel a tendenciával rokonítható. Jelen dolgozatomban bebizonyítom, hogy a Második Eljövetel abszurd drámára emlékeztető paródiájában Miller felvázolja a változás lehetetlenségét és a ritualizáció kiüresedettségét.

---

[37] „reflect an engagement with the European heritage of Expressionism and the Theatre of the Absurd and, not least, with Antonin Artaud's Theatre of Cruelty". "exploits avant-garde techniques"

CENTENÁRIUMI ÍRÁSOK MŰVEIRŐL

Az ezredforduló krízisei

A dráma egy fiktív, elszegényedő országban játszódik, ahol dúl az erőszak, a szegények gyógyszerhez és ételhez is alig jutnak, míg a tehetősebbek külföldön igényelnek orvosi ellátást. Egy fiatal férfiről, Ralph-ről, akit a forradalmárok jelölnek ki vezérüknek, azt gyanítják, hogy ő lehet az új Messiás, aki reményt hoz az elkeseredetteknek. Lázadó követőinek kihágásai viszont nem maradhatnak büntetlenül. Egyeseket lelőttek, mások kiegyeztek a hatósággal, a fiatalembert pedig börtönbe zárták, ahonnan a cselekmény során megszökik a börtön falain keresztül. Az ország egyik vezetője a férfi nyilvános keresztre feszítését tervezi, amelyet egy sikeres tévéadó közvetítene élőben az egész világon. A szereplők képtelenek megegyezni a televíziós szerződés betartásáról és a keresztre feszítés megjósolhatatlan következményeiről. A dráma végén a fiatalembert, aki fényként jelenik meg nekik, inkább elkergetik, mondván, még nem jött el az ő ideje, és legjobb lenne, ha hosszú ideig nem térne vissza. Érdekütközések miatt a műsorszám elmarad; Ralph (akit a hatodik jelenettől Charley-nak hívnak) fényének eltűnése után lassan sétálnak el a szereplők.

Christopher W. E. Bigsby az ezredforduló Amerikájának krízisei mentén értelmezi a drámát. Elemzésében az egyik központi téma a halálbüntetés kérdése, amely iránt Amerika látszólag töretlen, sőt, „növekvő lelkesedését" (growing enthusiasm) Miller aggodalommal figyelte a kilencvenes években (Bigsby 421). Bigsby kifejti, hogy Miller ennek kifejezésére publikálta „szerény javaslatát" (modest proposal), amely szerint vissza kellene térni a nyilvános kivégzésekhez, és műsort készíteni belőlük magas jegyárakkal (421). Oktatási céllal rendeznék meg ezeket a kivégzéseket, miközben a törvénytisztelő nézőknek megnyugvást is hoznának (Miller, „Get It Right"). A gyilkosságok száma a szereplésvágy miatt megugrana, de a siker érdekében ezt az áldozatot érdemes lenne meghozni — fejti ki Miller. Egyetlen kockázat lenne a drámaíró szerint: néhány előadás után a kivégzések már nem vonzanák a nézőket, és nem hoznának annyi bevételt (Miller, „Get It Right" ; Bigsby 422).

Bigsby arra a következtetésre jut, hogy az idézett írás és a dráma a hatalmas méreteket öltő korrupció és pénzéhség veszélyeire hívják fel a figyelmet, ami minden eddiginél ijesztőbb mértékben teszi kiszolgáltatottá az embereket (424). A kritikus szerint a kapzsiság már nem pusztán az emberek életét bocsájtja áruba, hanem halálukat is (Bigsby 434). A valóságshow-k, katonai akciók, balesetek, katasztrófák és lövöldözések közvetítésével a nagy tömegeket elérő televízióadók egyre mélyebbre süllyednek az ízléstelenségben a nagyobb bevétel érdekében (Bigsby 423). Bigsby érzékletesen foglalja össze a dráma üzenetét: „a szegények még szegényebbek, a gazdagok pedig még gazdagabbak lesznek, egészen úgy, mintha ez lenne a hiányzó bizonyosság, amely koherenciát ad a létezésünknek" (435).[38]

Jeffrey D. Mason a darabbeli, feltehetően dél-amerikai országot (a szereplők hatalmas kondorkeselyűkről beszélnek) frappánsan az Egyesült Államok „inverzének" nevezi (149). A drámában ábrázolt környezet a hanyatlás jeleit mutatja. Henri Schultz, a dráma meggyötört filozófusa, a bevásárló utcán halott csecsemőt látott a járda szélén, aki mellett mindenki közömbösen elsétált, a levegő szennyezett, a víz fertőzött, elszaporodtak a termeszek, és sokan drogokkal kereskednek. Az ország helyzete megmérgezi az embereket testileg és lelkileg. Polgárháború zajlik, forradalomra lenne szükség, de az olvasó már csak azután látja a cselekményt, hogy a diktatúra leverte a lázadókat. Ralph követői közül sokan egy bandába tömörülve rendőröket öltek meg, kormányépületeket robbantottak fel, és Ralph-nek az ő bűneikért kell meghalnia. Felixet, az ország egyik vezetőjét Henri óva inti a kivégzés végrehajtásától: a keresztre feszítés csak bizonyítaná, hogy Ralph Isten fia (Miller, *Resurrection* 310/1749), hiszen már egyre többen hisznek benne, és szentként tekintenek rá. Henri azt

---

[38] „The poor get poorer and the rich get richer quite as if that were the missing certainty that gives coherence to our existence".

jósolja, hogy a televízió által közvetített keresztre feszítésnek öngyilkossági hullám és vérfürdő lenne a következménye (Miller, *Resurrection* 388/1719). Henri emellett azért sem akarja a kivégzést, mert a televíziós közvetítéskor örökölt gyógyszergyárának termékeit reklámoznák. Egy kivégzéskor igen méltatlan lenne gyógyszereket hirdetni, és ilyen kellemetlenséget Henri nem engedhet meg magának: nem szeretné, ha a nevéből származó Schultz márkanévhez vér tapadna. Bigsby szerint a drámában még érezhető a transzcendentális jelenléte iránti vágy, melyet a huszadik század történései megtépáztak, a „klasszikus" abszurd dráma megtagadott, és az azonnali megelégedés hajszolásának korszakában már „irreleváns" (435). Ezzel szemben Mason meggyőzően érvel amellett, hogy ebben a kései műben „az irónia színháza a tagadás színháza", azt hirdetve, hogy nincs értelme cselekedni, és Miller sem tud megoldást javasolni (165).[39] Miller valóban elutasítja a konvencionális lezárást és a racionális meggyőzést. Mason észreveszi, hogy a lezárás tekintetében ez a dráma nagymértékben különbözik Miller korábbi drámáitól. Ahogy Mason fogalmaz, a *Feltámadás blues*ban „jelentős elmozdulás látható korábbi szövegeinek megerősítést adó áldozati rítusaitól", ennélfogva, érvel Mason, a dráma végén csak az üresség és a tagadás marad (164),[40] és a transzcendentális megtapasztalása sem változtat meg semmit a szereplők életében.

Abszurd rituálé

Az abszurd dráma és színház fogalomkörét ért kritikát fontos megemlíteni. P. Müller Péter „Testfogyatkozás" (2008) című tanulmányában Martin Esslin 1961-ben megjelent *Az abszurd dráma elmélete (The Theatre of the Absurd,* a magyar fordítás Sz. Szántó Judit munkája, 1967) című, a dráma- és

---

[39] „the theatre of irony is the theatre of denial"
[40] „represents a significant move away from the sacrificial affirmations we find in certain of his earlier works".

ARTHUR MILLER ÖRÖKSÉGE

színháztudomány számára meghatározó könyvét „kanonizáló opusként" tartja számon (P. Müller). P. Müller azokra a tanulmányokra referál itt, amelyek Samuel Beckett drámáit meggyőzően sorolták át az egzisztencialista drámától a posztstrukturalizmushoz. Ez a gondolatmenet inkább azt illusztrálja, hogy Esslin egy mindent átfogó elméletet próbált kialakítani a 20. századi drámára, mint azt, hogy a posztstrukturalizmusnak nincs köze az abszurd drámához. Túl sok a kapcsolódási pont Esslin elméletének aspektusai és más, letisztultabban definiált irányzatok és műfajok között ahhoz, hogy a színháztudomány az abszurd drámát és színházat egy nagy egységként kezelhesse. A jelen dolgozat ezért is törekszik arra, hogy az abszurd legjellemzőbb komponensei közül csak néhányat vizsgáljon Millernél.

Esslin elméletének legutolsó változatában sem tárgyalja alaposan az abszurd amerikai képviselőit. Továbbra is Edward Albee szövegeit tartja a legerősebb amerikai párhuzamnak, de Jack Gelbert és Arthur L. Kopitot is megemlíti röviden (Esslin 311-16). Az amerikai álom és az amerikai család szubverzív ábrázolása mellett főként az európai hatást emeli ki ezeknél a szerzőknél. A kötet összefoglalásában Esslin néhány további amerikai kísérletező szerzőt is megnevez lehetséges párhuzamként, például Israel Horovitzot és Sam Shepardöt (434).

Az esslini kánont már többen kibővítették az amerikai kontextusban is. Eugene O'Neill, María Irene Fornés, David Mamet szintén bekerültek az abszurd dráma írói közé (vö. *Around the Absurd*). Mivel a fenti drámaírók különböző évtizedekben írtak és írnak, érdemes lehet az abszurd dráma és színház definícióját szétbontani, és kanonizálás helyett az alkotóelemeit újragondolni. Enoch Brater találóan fogalmaz: az „abszurd mindenütt jelen van, még a legváratlanabb helyeken is" (300),[41] így hasznosnak bizonyulhat O'Neill után más, nem

---

[41] „the absurd is ... all around, even in unexpected corners"

kísérleti szerzők drámáit is vizsgálat alá vetni, mint például Millerét. Varró Gabriella az abszurd színház bohócára mint a társadalom kritikusára fókuszálva elemzi Shepard *Kicking a Dead Horse* című drámáját. Az abszurdról Varró úgy fogalmaz, hogy „a tragikus és a komikus minőségek közti egyensúlyozás az abszurd színház egyik visszatérő eleme" (179). Értelmezése segíthet elemezni a dráma humoros elemeit. Varró meglátása szerint a számos abszurd darabra jellemző nevettetés „nemcsak a megváltoztathatatlanba való beletörődést és lemondást jelzi, hanem egyfajta felszabadító erejű elemelkedés a tragikumtól, a boldogtalanságtól vagy értelmetlenségtől, rámutatva a túlélés különféle technikáira" (180). Az üresség kinevetése így „a gyógyulás lehetőségével kecsegtet" (Varró 181), annak ellenére, hogy a konvencionális lezárás helyett csak a „clownszám" kezdődik újra (Varró 202), melyhez hasonló módon Miller művében is újraindul az óra a következő évezredig, nyitva hagyva annak lehetőségét, hogy Charles egyszer talán visszajön.

Millernél már nincs Shepard Hobartjához hasonló, színpadi kritikus bohóc, viszont Ralph a szökésben lévő őrült bűnöző bélyegét magán viselve a háttérből kommentálja az ország problémáit. Véleményét tanítványán, Stanley-n és a bukott forradalom lebénult képviselőjén, Jeanine-en keresztül (aki a dráma prológusában meséli el a közönségnek a negyedik falat ledöntve, hogyan ugrott ki az ablakon, hogy véget vessen az életének) ismerjük meg, hiszen ők Ralph közvetítői. Stanley a harmadik jelenetben elmeséli, hogy Ralph nem bírja elviselni az országban zajló borzalmakat, súlyos atrocitások idején órákon keresztül tehetetlenül zokog, majd, amint megnyugszik, éppen olyan, mint mások, és így nem lehet eldönteni, valóban ő-e a Megváltó. Míg Ralph síró, liminális, kirekesztett, identitás nélküli bohócként értelmezhető (a nevét időnként megváltoztatja, így lesz a darab végére Charles), akiről erejének és egyidejű szánalmasságának ecsetelésével groteszk képet festenek egyes szereplők, mint például a gyilkos pragmatizmust képviselő Felix, addig a tragikum nevetéssel történő enyhítését Miller a többi szereplő jellemrajzán keresztül valósítja meg.

ARTHUR MILLER ÖRÖKSÉGE

A komikum és az abszurd humor a második jelenetben kapnak kiemelkedő szerepet, de mindenütt jelen vannak. A második jelenetben az egyik legjelentősebb forrásuk az angolul alig tudó, de arra a kevésre is büszke rendőrkapitány, akinek felesége és lánya is a Schultz gyógyszercég tablettáit szedi a rosszabb napokon (de, mint hangoztatja, a Schultz minden problémára kínál megoldást). Rajta kívül a keresztet barkácsoló, állig felfegyverzett katonák hordozzák a helyzetkomikum jegyeit, minthogy fűrészeléssel és kalapácsolással zavarják meg a rendezőnőt, a tévétársaság alelnökét és Henrit tárgyalás közben. Ők hárman a keresztre feszítés etikai kérdéseit és menetét vitatnák meg, de a nyelvi korlátok miatt többször is hiába kérik a katonákat, hogy ne hangoskodjanak. A komikum további, a helyzet komolyságát ellensúlyozó elemei a stáb profán gondjai, mint például, hogy megeteti-e a rendezőnő édesanyja a macskákat, akiket az New York-i otthonában volt kénytelen hagyni.

Amíg a katonák a gigantikus kereszt felállításával bíbelődnek a háttérben, addig az amerikai tévés csapat — főleg Skip, a tévétársaság alelnöke — a helyzet súlyosságához egyáltalán nem illő, leereszkedő hozzáállással próbálja hitelesen, a helyi szokások pénzért történő elfogadásával (hiszen a keresztre feszítés Felix országában igen gyakori) előkészíteni a felvételt. Szemet húny afelett, hogy egy ember életének elvételét fogják érdeklődők millióinak közvetíteni, mondván, az aktus egy bűnöző megérdemelt kivégzése lesz. Ellenzi tehát, hogy Ralph-et Jézusként próbálják meg beállítani, ugyanis az sérthet egyes nézőket. Mindemellett ahhoz is ragaszkodik, hogy Ralph ne szenvedjen látványosan, mert azzal csak elrontaná az összképet (Miller, *Resurrection* 799/1749). A stáb Felix segítségével amellett dönt, hogy fájdalomcsillapításra gyógyszert, bort vagy tequilát adhatnának Ralph-nek, illetve kalapot az erős napsütés miatt. A zajok és viták közepette felállított kereszt a jelenet végén inkább nevetségesnek és groteszknek hat, mint ijesztőnek vagy fenségesnek. Ez a jelenet jól szemlélteti, hogy a szereplők folyamatosan a tragikus és a komikus közötti hajszálnyi választóvonalon egyensúlyoznak, pontosan úgy, ahogyan Varró az abszurd humort jellemzi.

A keresztre feszítés televízióra fényképezése a lélegzetelállító tájon önmagában nem elég, a televíziós csatorna a közvetítés közben Schultz reklámközleményeket sugározna. Az első jelenetben Felix Henrinek a következőképp indokolja, hogy a reklámoknak helye van egy keresztre feszítés közvetítésénél: „De azt mondják, 'méltóságteljes' reklámok lennének ... Valószínűleg mint a telefontársaságról, vagy, mit tudom én, a Vörös Keresztről szólók" (Miller, *Resurrection* 348/1749).[42] Henri felhívja Felix figyelmét, hogy a betegségek széles skálájáról, az atlétalábtól a hajhulláson és székrekedésen át a hasmenésig enyhítő gyógyszerekről van szó (Miller, *Resurrection* 353/1749). Miller maró humort visz karakterei dialógusaiba, ami kiemeli a cselekmény és az egyes jelenetek bohózati hangulatát, miközben elkeserítő helyzetek sejlenek fel. A szórakoztató, komikus helyzetek és nyelvhasználat mögött a diktatúra és a hatalmi viszonyok szörnyűségei jelennek meg, mint például, hogy Felix és partnerei képesek lennének jóváhagyni a gyógyszerreklámokat egy miattuk betegeskedő lakosokkal teli országban is.

Amikor Felix kijelenti, hogy a reklámokból származó bevételek segíthetnek felvirágoztatni az országot, Henriből kitör az aggodalom: „Miért is ne? Van olyan lyuk az emberi testen, amin nem keresünk pénzt?" (Miller, *Resurrection* 362/1749).[43] A diktatúrát és a képek manipulációját képviselő szereplők számára az emberi test mindössze egy szétbontható, megsemmisíthető és áruba bocsátható tárgy.

Fentebb idézett tanulmányában P. Müller alaposan áttekinti Beckett néhány drámájában a test teljes szétesését, és hangsúlyozza, hogy a „cselekvésről történő lemondás ... az emberi testeknek a korlátozásával", illetve a testet ért „redukciók révén" valósul meg. Ez a jelenség Millernél is

---

[42] „But they say 'dignified' announcements ... Probably like the phone company, or I don't know, the Red cross".
[43] „Why not? Is there a hole in the human anatomy we don't make a dollar on"?

megfigyelhető, főleg mivel a reklámozott gyógyszerekre szoruló abjekt test képe mellett Ralph folyton eltűnő és a közönség által nem is látható teste, Jeanine kerekesszékbe kényszerült teste, és Felix rosszul-jól funkcionáló férfias-férfiatlan teste középpontba kerülnek. Ralph testének az áldozati rítus tárgyává kellene válnia, de testi valójában a színpadon nem látható, Jeanine ideiglenesen kerekesszékhez kötött teste a magatehetetlen, levert forradalmat jelképezi, míg Felix impotenciája és annak lehetséges meggyógyulása minden tettére kihatással van. A test mint az ágencia forrása a drámában átértékelődik. A változás lehetetlensége és a cselekvés elutasítása, melyek az abszurd dráma fontos alkotóelemei, a szereplők testén keresztül fejeződnek ki. Érdekes lehet a jelképek alapvető szintjén túl is elemezni, hogyan bontja szét Miller a testet ebben a drámában. Nem elég, hogy magatehetetlen testeket lát az olvasó maga előtt (ráadásul Ralph-ét nem is láthatja), de a gyógyszerreklámok célközönségéhez tartozó beteg testek látványa is felelevenedik a dialógusokon keresztül, ezzel is hangsúlyozva, hogy az alárendelt tömegek nem állnak másból, csak kiaknázható, valamilyen formában pénzzé tehető részekből. Mindezt fokozza, hogy a prostitúció kérdése is megjelenik.

Felix az a karakter, akiben egyesül Miller hatalom-kritikája, a groteszk és nevetséges elemek, a cselekvés képtelensége, a változtatás lehetőségének visszautasítása és a hatalom demonstrálásának érdekében kitervelt áldozati rítus végrehajtása. Emily, a rendezőnő váratlanul feléleszti Felix férfiasságát, ami a dráma ironikus kifejezése arra — főleg a negyedik, étteremben játszódó jelenetben, ahol Felix udvarlása már túlzottan nevetségessé válik —, hogy lelkiismerete még Felixnek is lehet. Felix eksztázisként képzeli el egyesülésüket Emilyvel, s ebből kiolvasható, hogy a lelkiismeret létezése és meghallgatása még megmenthet egy országot a teljes kétségbeeséstől. Emily, aki karrierjének érdekében vacsorázik Felix-szel, ugyanis nem kíván részt venni egy valós kivégzésben, elmondja a férfinek, hogy kíváncsian tekint a hatalommal rendelkező férfiakra (Miller, *Resurrection*

1303/1749). Az ebből kiolvasható üzenet az, hogy az emberség és a lelkiismeret cselekvésre bírná még a kapitalizmus leghűbb kiszolgálóját is.

Emily szeretné, ha Felix elengedné Ralph bűneit és visszavonná a hajtóvadászatot. Minthogy azonban Emily az illúzió mestere (ő a legkiválóbb rendező a szakmában), úgy Felix lelkiismeretének létezése is csak illúzió. Felixnek a szerződés értelmében ki kell fizetnie Skipet, ezért, bár egy ideig úgy tűnik, hogy visszavonja a körözést, végül mégis ragaszkodik a kivégzéshez. Charles-t a dráma végén azzal próbálja meggyőzni a kereszthalálról, hogy minden annak kapcsán befolyt pénzt kórházakra és iskolákra költene. Ez természetesen nem igaz; Felix valójában hamarabb hozatná rendbe a helyi prostituáltak fogait (Miller, *Resurrection* 386/1749).

Ralph az emberség és a remény jelképe sokak számára, de Felix és a többi vezető csak kiárusítható eszközként tekint rá, akinek a halála rengeteg bevételt hozhat az ország számára. Felix komikus kirobbanása az első jelenetben jól példázza, hogy nem érti, miért kell változtatni, és miért kezdtek el az emberek hinni Ralph-ben: „Te érted, hogy működik egy számítógépes chip? El tudod nekem mondani, mi az áram? És mi a helyzet a génnel?" (Miller, *Resurrection* 427/1749).[44] Ahogy ezekre a kérdésekre régóta léteznek már válaszok, úgy arra is, Ralph miért kezd el fényt árasztani magából. A szenvedés- és feltámadás-történethez képest itt a kétkedőket nem győzheti meg az sem, amit a szemükkel látnak. Felix számára az emberség és a változás fogalma teljesen idegen.

Ralph képes valami olyasmire, amire Felix nem. Felix Stanley-től tudja meg, hogy unokahúga, Jeanine testi gyönyört él át, amikor Ralph fényt áraszt magából, tehát Ralph képes a majdnem meghalt, megbukott forradalmat újra feltüzelni. A lány Ralph-nek köszönhetően a dráma végére már fel tud kelni a kerekesszékből, és képes bottal járni. A mozgáskorlátozottság

---

[44] „Do you understand a computer chip? Can you tell me what electricity is? And how about a gene"?

motívuma hasonlóan jelenik meg Miller *Üvegcserepek* (*Broken Glass* 1994, fordította Ungvári Tamás, 2011, magyar bemutató várhatóan 2015 végén vagy 2016-ban lesz) című drámájában. Fontos különbség, hogy Sylvia paralízise pszichoszomatikus, míg Jeanine valóban súlyos sérülést szenved, de egyértelmű párhuzam az, hogy a tekintélyt jelképező karakterek mindkét nőhöz atyáskodóan viszonyulnak. A legfontosabb hasonlóság viszont abban látható, hogy a két nőt csakis a gyengédség és a testi vágy lángra lobbanása tudja kigyógyítani állapotából. Felix leereszkedően nemes szívűnek nevezi, és egy görög tragédia hősnőjéhez hasonlítja Jeanine-t (Miller, *Resurrection* 166/1749), a lány édesapjának, Henrinek, ezzel is azt sugallva, hogy a forradalom szükségszerűen bukásra ítéltetett, és az alig tizenkilenc éves lázadó fiataloknak mindenképpen meg kellett halnia. Érzéketlenül közli Henrivel, hogy könyvelő veje kiszámolta, Jeanine a harmadik emeletről kiugorva hogyan és hány helyen törhette el a gerincét (Miller, *Resurrection* 166/1749). Felix teljes közömbösségét és anyagiasságát mutatja a forradalom bukása utáni anyagi kárfelmérés képe; a tragikum a cselekvésre képtelen, de végrehajtást képviselő karakter számára csak egy elsöprendő, anyagiakra átváltott mellékszál, miközben a nevetséges, bohózati elemek éppen ezt a tragikumot szándékozzák elfedtetni, ellensúlyozni a drámában.

A megváltás elutasítása

A bevezetőben említett, a megváltó harmónia belli fogalma az Antonio Gramsci „hegemónia" és Kenelm Burridge „megváltó folyamat" (redemptive process) fogalmaiból alkotott elnevezés (Bell 83). Gramsci hegemónián az uralkodó rétegnek a valóság érzékelését és értelmezését befolyásoló tevékenységét érti, amellyel folyamatosan újraképzi saját dominanciáját és a többi osztály alárendeltségét (Bell 83). Az ideológia valósága fals üzenetek és jelentések rendszere, melyeket eleve adottnak, természetesnek élnek meg az alárendelt osztályok tagjai, így soha nem fogják tömegével megkérdőjelezni azt (Bell 83).

A Burridge által leírt megváltó folyamatra Bell a kulturális élet alapjaként utal. E folyamat során a hatalomról alkotott feltételezések adott kontextusában az emberek „igyekeznek kötelezettségeiket teljesíteni az adott közösség erkölcsi imperatívusza alapján" (Burridge 6, idézi Bell 84).[45] Ez elősegíti, hogy „érzékeljék a dolgok igazságát," folytatja Bell, és egyben garantálja is számukra, hogy „valóban érzékelik a dolgok igazságát" (Burridge 6-7, idézi Bell 84).[46] Bell értelmezésében a megváltó folyamatnak az a hajtómotorja, hogy az emberek feltételezik a hatalmi viszonyok szükségességét, melyeket számos módon hoznak létre és termelnek újra a viszonyláncban elfoglalt helyük tudatában, és mert képesek elképzelni (envision), hogy az adott kapcsolati láncban milyen hatékonysággal cselekedhetnek (84).

Bell fogalom-magyarázatának kiinduló pontja az, hogy a társadalmi tevékenységeket a dominancia és az alárendeltség határozza meg (84). A gyakorlatban ezek a viszonyok bizonyos értékek, kötelezettségek és az adott hatalmi struktúrában helyet foglaló státuszról alkotott elképzelés által vannak jelen (Bell 84). Bell szerint a rendszerről és a hatalmi viszonyokról létező feltételezések meghatározzák az ágens cselekvéssel kapcsolatos lehetőségeit és megkötéseit. Ennélfogva a terminus arra a módra utal, ahogyan az ágens megtapasztalja a mindennapi élet- és döntéshelyzetekben a valóságot (Bell 84.). Nem egy mindent felölelő „ideológiai vízióról" (ideological vision) van szó, hanem „a hatalom elrendezésének elfogult és árnyalt megvalósításáról", amely elősegíti, hogy a személy „elképzelje az adott rendszerben történő tevékenységei során megvalósuló felszabadulásának, cselekvőképessé válásának (empowerment) lehetőségét" (Bell 84).[47] A belli megváltó hegemónia tehát nem

---

[45] „attempt to discharge their obligations in relation to the moral imperatives of the community".

[46] „to perceive the truth of things", „they are indeed perceiving the truth of things".

[47] „it conveys a biased, nuanced rendering of the ordering of power" „to facilitate the envisioning of personal empowerment through activity in the perceived system".

ARTHUR MILLER ÖRÖKSÉGE

„tükrözi a valóságot több-kevesebb hatékonysággal, hanem megteremti a valóságot több-kevesebb hatékonysággal" (Bell 85).[48]

Mason és Bigsby elemzéseikben kulcsszóként használják a cinizmus kifejezést, és ez a dolgozathoz szükséges ideológiakritikai elméletet is segítheti árnyalni. Slavoj Žižek *Az ideológia fenséges tárgya* (*The Sublime Object of Ideology*, 1989), című könyvében az ideológia cinizmusát Peter Sloterdijk *A cinikus ész kritikája* (*Kritik der zynischen Vernunft* 1983, a bevezetőt és a címet magyarra fordította V. Szabó László, 1999) című könyve alapján úgy értelmezi, hogy olyan aktusok összessége, melyek hátrányait mindenki előre látja, de ettől függetlenül mindenki elvégzi őket (25, 30). Ami Bellnél elképzelésként szerepel, és a ritualizációt vezérlő és szervező hatalmi mechanizmusok egyik meghatározó komponense, párhuzamba állítható a Žižek fogalomrendszerében „ideológiai fantáziaként" (ideological fantasy) szereplő koncepcióval (Žižek 30). Žižek arra a következtetésre jut, hogy az emberek nem ismerik fel, vagy félreismerik, hogy a társadalmi tevékenységeiket milyen illúziók hajtják (ezeket a „tudattalan illúziókat" [unconscious illusions] nevezi ideológiai fantáziának), pedig ezek az illúziók fogják „strukturálni valóságukat és társadalmi tevékenységeiket",[49] és ezáltal befolyásolni cselekedeteiket és azt, milyen „hatékony kapcsolatuk" (effective relationship) lesz a valósággal (30).

Miller drámája ezekre a jelenségekre reflektál, hiszen a dráma cselekménye legfőképpen arról szól, hogy a szereplők folyamatosan egyeztetik, milyen lehetőségeket látnak maguk előtt, továbbá milyen következményei lehetnek a kivégzésnek. Ebben az egyeztetésben, tervezésben és előrevetítésben valósul meg a rituálé, amely képes „az önkényes vagy szükségszerű közös érdekeket a hegemónia rendjének egyfajta értelmezésébe beleágyazni" (Bell 222).[50]

---

[48] „does not reflect reality more or less effectively, it creates it more or less effectively".
[49] „which is structuring their reality, their social activity"
[50] „take arbitrary or necessary common interests and ground them in an understanding of the hegemonic order".

Bell a rituálé és ritualizáció fogalmainak újradefiniálásakor lényeges észrevételt tesz. A megváltó hegemónia koncepciójának levezetésekor ugyanis azt is feltárja, hogy a rituális tevékenységek saját maguk „állítják elő és egyeztetik a hatalmi viszonyokat", tehát nem kizárólag eszközei azoknak (Bell 196).[51] Ezt jól szemlélteti a kereszt felállításakor elhangzott idézet. Felix egy régi, helyi szólást idéz: „ha eláll az eső, megszaporodnak a keresztek" (Miller, *Resurrection* 773/1749).[52] Ezzel kifejezi, hogy az emberek megfélemlítésének érdekében mindent megtesz, és amit tesz, azt pozíciójának megerősítése érdekében ritualizálja is (a foucault-i büntetést megidézve). Egy egyszerű agyonlövés a képernyőn keresztül már nem hat az emberekre, míg a keresztre feszítés elég fenyegető: Felix így próbálja meg a forradalom írmagját is végleg eltörölni.

Nesteruk kritizálja a girardi áldozati rítus elméletét (Bellhez hasonlóan, vö. Bell 173-75), hiszen interpretációjában a girardi áldozati rítus nem szabadít meg az erőszaktól, hanem támaszkodik rá, hogy a fennálló rendet visszaállítsa (47). Következtetései alapján „a girardi katarzis nem állítja helyre az igazságtalanságot, hanem igazolja a fenyegetését" (Nesteruk 47).[53] Millernél viszont a ritualizáció puszta ötlete is ezt teszi. Henri szerint az ország vezetése mindenképpen fog bűnbakot találni a zavargások megtorlása érdekében, még akkor is, ha az adott személy nem felelős, márpedig Ralph nem az. Henri Skipet meg akarja győzni, hogy Ralph-nek kell meghalnia, ha valakit mindenképpen ki kell végezniük, de a halálát semmiképp nem lehet lekamerázni, mondjon le az üzletről, hiszen nem tudhatja, mit indít el egy ilyen produkcióval, és az hogyan hat az emberiségre, de legfőképpen az ő, Skip karrierjére. Ez is azt illusztrálja, hogy Ralph kivégzése túlnő a hatalom megerősítésében játszott szerepén, hiszen a cselekmény során érzékelt valóság, mint például egyes

---

[51] „the very production and negotiation of power relations"
[52] „when the rain stops the crosses sprout".
[53] „Girardian catharsis does not cure these injustices: rather, it justifies their threat".

társadalmi problémák enyhülése (az emberek újra elkezdtek reménykedni), átitatja, új jelentéssel ruházza fel a keresztre feszítést. Miller párhuzamba állítja a televízió által megteremtett valóságot az ideológia által megteremtett valósággal. A televíziós stáb terepszemléjekor Skip és Emily párbeszédéből kiolvasható a képernyő által kínált valóságnak a fizikai valóság fölé helyezése, például, hogy csak az általuk leforgatott reklámok alapján emlékeznek nevezetes tájakra. Skippel kapcsolatban Mason jut meggyőző következtetésre: „Skip számára a tapasztalat az, amit ő elrendez, megtervez, lefilmez és becsomagol. A valóság leginkább az, amit ő kigondol, és nem, ami megtörténik vele" (154).[54] Skip a látszólagos autentikusságra törekszik, és ezt a keresztre feszítésnél is szeretné véghez vinni, míg minden, amit Emily leforgat, bevallottan „hihetően művi" (comfortably fake) (Miller, *Resurrection* 645/1749). Amikor megtudja, hogy egy embernek valóban meg kell halnia, Emily kihátrál az üzletből. Döntését úgy magyarázza, hogy egy ál-keresztre feszítést bármikor elvállalna, de a valódi tett számára túllép egy bizonyos határt (Miller, *Resurrection* 645/1749).

Henri szerint az emberek nem véletlenül élnek a képzelet világában (Miller, *Resurrection* 1194/1749), hiszen ez szolgálja számukra a mindennapok kényelmét. Kifejti, hogy a hatalom az egész történelem során úgy működött (a baudrillard-i szimulákrum fogalmának megfelelően), hogy egyes események leírásai, reprezentációi határozták meg az emberek valóságát, függetlenül attól, hogy valóban megtörtént esetekről, harcokról, támadásokról volt-e szó. Skipet, az autentikusság látszatát képviselő szereplőt így próbálja meggyőzni erről: „számukra a leírás maga volt a valóság" (Miller, *Resurrection* 1165/1749).[55] Ha Ralph-ről bebizonyosodna, hogy ő a Megváltó, vagyis „ő még igazán érez mindent" (Miller,

---

[54] „To Skip, experience is something he arranges, designs, films, and packages ... Reality is what he devises rather than what happens to him".
[55] „for them the description itself was the reality".

Resurrection 1208/1749),[56] akkor a fennálló rendszer képeken, zenén és szavakon keresztül történő manipulatív hatalma hirtelen megdőlne. Emiatt, érvel Henri, nem szabad, hogy a világ rájöjjön, Ralph kicsoda. A televízió ily módon annak eszköze lehetne, hogy emberek tömegeinek közvetítse a Megváltó passióját (a dráma a kereszthalál utáni feltámadás lehetőségét viszont fel sem veti), ezzel is megerősítve az emberek hitét. Stanley mondja el Felixnek, hogy Ralph hajlandó lenne alávetni magát a kivégzésnek. Segíthetne az embereken, mondja Stanley, „Hogy látják, hogy valakit őértük kínoznak meg ... tudja ... hogy egy embert valóban ... érdekelhet ennyire valami ..." (Miller, *Resurrection* 1055/1749).[57]

Stanley szerepe a drámában összetett. Egy ideig Ralph közvetítője, majd, amikor Felix megzsarolja drogos ügyeivel, Stanley megváltja saját bűneit (a droghasználat bűncselekménynek számít Felix országában) azzal, hogy tanítványaként befolyásolja Ralph-et és bajtársaként Jeanine-t. Stanley a zsarolás nyomására megtagadtatja Ralph-fel saját magát, de tudatja vele, hogy visszavárja (ami csak az átdolgozott verzióban szerepel így). Stanley, amikor próbál Jeanine-re hatni, ezt mondja neki: „Tényleg azt szeretném, ha elmondanád neki, hogy élnie kell tovább ... és talán elfelejtenie, hogy ... tudod, hogy ő isten. Úgy értem, még akkor is, ha az" (Miller, *Resurrection* 1584/1749).[58] Stanley Jeanine-nek azzal érvel, hogy az emberek több faluban is arra számítanak, talán majd náluk végzik ki Ralph-et. Azért bíznak ebben, mert az esemény fellendítené a helyi gazdaságot: a turizmus virágozna, különböző Ralph ajándék- és emléktárgyakat adhatnának el, és felmennének az ingatlanárak is (Miller, *Resurrection* 1569/1749). A megváltás és a Második Eljövetel így termékké, sőt, márkajelzéssé válna. Stanley-n keresztül az

---

[56] „he still really feels everything".
[57] „To see a man tortured for their sake ... you know ... that a man could actually like care that much about anything ..."
[58] „I really wish you'd tell him he's got to live ... and maybe forget about ... you know, being god. I mean even if he is".

ideológia cinizmusát viszi színre Miller: tudja, hogy amit a megtagadással tesz, azzal árt, de ettől függetlenül így cselekszik, hiszen nem lát más kiutat.

A ritualizáció nyitva hagyja annyira a rituális tevékenységet, hogy változtatás is történhessen akár, máskülönben — Bell érvelése alapján — nem beszélhetünk ritualizációról (222). Az emberek már elkezdtek cselekedni, eltűnőben van a gyermekprostitúció, sokan most már felforralják a vizet fertőtlenítés végett, a fiatalkorú bűnözők száma is csökken. Stanley szerint Ralph is elég elszánt az emberiségért, hiszen „[k]omolyan meg akarja változtatni a világot" (Miller, *Resurrection* 1519/1749).[59] Ha Ralph-et valóban a Megváltóként értelmezi az olvasó, akkor Mason szerint a szereplők elutasítják a megváltás lehetőségét, ha viszont metaforikusan interpretálja, akkor azt a következtetést lehet levonni, hogy a karakterek elutasítják az aktivizálódást, a cselekvés felelősségét (143). A cselekvés ugyanis azzal a felelősséggel járna, hogy az emberek közös erővel felforgatják a fennálló rendszert (Mason 144), tehát közösségvállalás történik. A megtagadás ötlete lesújtja Jeanine-t, aki kiábrándultan mondja: „És mindenki csak magára számíthat" (Miller, *Resurrection* 1606/1749).[60]

A karakterek elképzelik adott státuszukat és cselekvési képességeiket, illetve, hogy a cselekvéssel milyen folyamatokat idéznek elő és el tudják-e érni azt, hogy a kisebb és a tágabb közösség számára is helyreálljon a rend. A milleri csavarral, ironikus módon, a megváltás elmaradása lesz a szereplők választása, hiszen csak az a valóság adott és magától értetődő, amelyben a cselekmény során léteznek, annak ellenére, hogy az is konstrukció. A drámában a ritualitást szervező megváltó hegemónia ennélfogva problematikussá válik. A karakterek az eddigi állapotot szándékozzák visszaállítani, hiszen az új rend beláthatatlan és rémisztő, még úgy is, hogy megvan annak lehetősége, hogy az ország rendbe jöhet. Az igazság számukra, melyet megtapasztalhatnak a rituális tevékenységük során,

---

[59] „He's serious about changing the world".
[60] „And each for himself".

annak a valóságnak az igazsága, amelyben élnek. Ebből következik, hogy, ami a dráma végén történik, látszatmegoldás: lemondás, beletörődés és kompromisszum vezérli.

Nesteruk bizonyítja már idézett esszéjében, hogy az identitást folyamatosan meg kell konstruálni végtelen számú társadalmi maszkon keresztül, amelyeket a „rituálé stabilizál" (stabilized through ritual) (47). A szereplők az általuk véghezvitt rituálé során Ralph identitását nem stabilizálják, a sajátjukat viszont igen. Ebből a szempontból az is nagyon fontos, amit Mason megfogalmaz, vagyis, hogy a szereplők „megtestesítenek társadalmi szerepeket," nem pedig „önállóan cselekvő szereplők" (165).[61] A szereplők nem konstruálják meg Ralph/Charles-t megváltójukként, így a drámában a változáshoz szükséges legfontosabb összetevőket utasítják el — az emberséget, reményt és együttérzést —, de magukat sem értelmezik és építik fel újra, hanem inkább az eleve adott szerepekbe helyezkednek vissza. A lelkiismeret illúziójából nem lesz valódi lelkiismeret, a megalkuvó, kiábrándult exforradalmárból nem lesz újra forradalmár, a kapitalizmus véreskezű vezéralakjából nem lesz igazságos vezető, a zsarolható tanítványból nem lesz elkötelezett követő, az autentikusság látszatából pedig nem lesz konkrét hitelesség.

A fenti aspektusból elemezve Jeanine, a forradalmár lány van a legrosszabb helyzetben. Ő a haláltól sem félt és kellőképpen elszánt volt, ám a dráma végére testileg megtörve és lelkileg meggyötörve küldi el szeretőjét, Ralph-et. Ez igen elkeserítő mozzanata a drámának, ugyanis az olvasható ki belőle, hogy, ha újjáéled a forradalom szelleme — hiszen mindig lesznek harcias fiatalok —, Felix katonái ismét részvét nélkül fogják leverni, képviselőit pedig elhallgattatni és lemészárolni.

Ez a túlélési és egyeztetési technika a drámában a cinikus megalkuvás rituáléját alkotja meg. Bell meghatározása szerint a ritualizáció elhitetheti a résztvevőkkel, hogy a kapcsolati viszonyok megerősítése a közösség hagyományainak

---

[61] „embodiments of social roles", „agents of independent action".

tiszteletben tartását „kommunikálja" (210). Feltételezhetően ezért történik, hogy Ralph/Charles végleges távozásakor egyszerre sírnak, sajnálkoznak és könnyebbülnek meg, vagyis élnek át önpozícionálásuknak megfelelően egyfajta ironikus katarzist. Bell a drámára is alkalmazhatóan azt erősíti meg a rituálé szerveződésével és kifutásával kapcsolatban, hogy a rituális ágens a ritualizáció során megtalálja helyét az adott rendszerben (208), vagyis Millernél mindenki visszatalál a régi identitásához. A dráma abszurditásához nagymértékben hozzájárul, hogy a drámában ábrázolt világ számára ez a kiüresedett, álmegerősítés az, ami szabályossá teszi a rituálét és annak lefolyását.

Konklúzió

Dolgozatomban bemutattam, hogy a *Feltámadás blues* abszurd drámára emlékeztető elemei, úgymint a megváltás lehetetlensége, a bohózatra jellemző helyzetek és jellemek, a groteszk, a tragikomikum és a változást előidéző cselekvés visszautasítása hogyan függ össze a drámában felvázolt hatalmi viszonyok és reménytelenség újratermelésével az ironikus rituálé megvalósulásán keresztül. Bár átmenetileg üdvösséget és reményt hozott Ralph az ország lakosainak, le kell mondania a segítségnyújtásról. A szereplők Ralph/Charley-t elzavarják, így új Messiásként kitörlik a történelemből, identitását megtagadják, az ideológiának megfelelő valóságkép számára nem létezővé nyilvánítják.

Felix testi tünetei felfedik, hogy a diktatúra vezére is csak ember, és mint ilyen, meg lehetne buktatni: Miller ezzel bizonyítja, hogy nem mindenki fölött álló személyről van szó. Azonban a volt forradalmár, a bukott forradalmár, a tanítvány, az illúziót és a hitelesség maszkját viselő karakterek mind kiszolgálják a hegemóniát, hiszen azt hiszik, hogy a változtatás világa szörnyű lehet, míg a változtatás nélküli világ megkérdőjelezhetetlen, „adott". Ezt azzal indokolják, hogy még nem állnak készen, az emberiség nem érdemli meg a megváltást, pedig alulról szerveződve sokan már várják ezt a változást. A cselekményt felépítő kivégzés a megváltás rituáléja helyett a megalkuvás rituáléjává válik, hiszen a szereplők tudják, hogy Felix ellen kellene felkelniük, de helyette inkább visszaállítják az ideológiai valóságnak megfelelő rendet. Egyik szereplő sem érzi magát felelősnek, csak teszik a dolgukat, illetve úgy cselekszenek, ahogy a pozíciójukból fakadóan az ideológia valóságában elképzeléseik szerint lehetséges, de végső soron mindegyikük kiszolgálja a rendszert. Az álmegoldással, hogy kényszerből kompromisszumra jutnak a szereplők, valójában csak visszaállítják az eddigi rendet, tehát érdemileg nem változtatnak semmin. Ugyanúgy folytatódik az ország szétesése és a különböző társadalmi szerepek is ugyanolyanok maradnak. Miller drámájából kiolvasható a kérdés: nem lehetséges, hogy egy ember megölése és a halálából, szenvedéséből gyártott produkció helyett inkább a hatalom felforgatása és a változtatásra, cselekvésre hajlandóság hozhatná el a valódi megváltást?

Felhasznált irodalom

Bell, Catherine. *Ritual Theory, Ritual Practice.* New York: Oxford UP, 2009.

Bigsby, Christopher W. E. *Arthur Miller: A Critical Study.* New York: Cambridge UP, 2005.

Brater, Enoch. „After the Absurd: Rethinking Realism and a Few Other Isms". Brater, Cohn, 293-301.

---, Ruby Cohn eds. *Around the Absurd.* Ann Arbor: The U of Michigan P, 1990.

Burridge, Kenelm. *New Heaven, New Earth: A Study of Millenarian Activity.* New York: Schocken Books, 1969.

Esslin, Martin. *The Theatre of the Absurd.* 3. kiadás. New York: Vintage Books, 2004.

Mason, Jeffrey D. „Arthur Miller's Ironic Resurrection". *Arthur Miller.* Szerk. Harold Bloom. 2. kiadás. New York: Infobase Publishing, 2007. 143-68.

Miller, Arthur. "Get It Right. Privatize Executions". *The New York Times on the Web*. Eredeti: *The New York Times* 1992. május 8: nincs oldalszám. Web. 2015. április 10. <https://www.nytimes.com/books/00/11/12/specials/miller-executions.html>.

---. *Resurrection Blues*. Harmondsworth: Penguin, 2006. Kindle fájl.

Nesteruk, Peter. "Ritual and Identity in Late-Twentieth Century American Drama". *Journal of Dramatic Theory and Criticism* 19.2 (2005): 43-70.

P. Müller, Péter. "Testfogyatkozás". *Jelenkor folyóirat*. 51.6 (2008): 690-701. Web. 2015. árpilis 11. <http://www.jelenkor.net/archivum/cikk/1497/testfogyatkozas>.

Varró, Gabriella. *Mesterek árnyékában. Sam Shepard drámái és a hagyomány*. Debrecen: Debreceni Egyetemi Kiadó, 2013.

Žižek, Slavoj. *The Sublime Object of Ideology*. 2. kiadás. London: Verso, 2008.

Kurdi Mária

ARTHUR MILLER ÉS AZ ÍR SZÍNHÁZ

Az 1904-ben Dublinban alapított Abbey Színház társulata, amelynek előadásait sűrűn látogatta az ír közönség, hamarosan turnékra indult, hogy az ír diaszpóra is élvezhesse a dekolonizációs folyamatban született új darabokat. Első Egyesült Államok-beli turnéjuk (1911) programjában W. B. Yeats, J. M. Synge és Lady Augusta Gregory drámái szerepeltek. A közönség soraiból áhítatosan nézte előadásaikat egy fiatalember, Eugene O'Neill, aki az akkor még éppen csak szárnyát bontogató modern amerikai dráma első jelentős képviselőjévé vált az elkövetkezendő években. Az ír-amerikai hátterű O'Neill munkásságára meghatározóan hatott az ír színház, különösen Synge költői nyelvezete és hagyományokból építkezve újító dramaturgiája. A kapcsolat ír és amerikai dráma között a további évtizedekben egyre termékenyebb kölcsönhatássá fejlődött. Az ír dráma részéről elsősorban Samuel Beckett vált több amerikai drámaíró mesterévé, akik között Edward Albee-t a Beckett neve által fémjelzett abszurd színház legjelesebb amerikai képviselőjének tekinti számos kritikus. A másik amerikai „Beckett-tanítvány", Sam Shepard esetében ennek az örökségségnek a vizsgálata Magyarországon is kiváló kutatóra talált. Shepardről szóló monográfiájában (2013) Varró Gabriella egy teljes fejezetet szentel a Beckett és Shepard közötti párhuzamok és áthallások részletes és szöveg közeli elemzésének (175-202). Időközben „felnőtté vált" az amerikai drámaírás is, és inspiráló erőként kezdett hatni egyes ír

ARTHUR MILLER ÖRÖKSÉGE

szerzőkre. Velük készített interjúmban Tom Murphy (1935-) és Marina Carr (1964-) ír drámaírók egyaránt a Tennessee Williams műveiből érkező inspirációról számolnak be (Kurdi 77, 266). A fiatalabb szerzők sorában az északír Daragh Carville (1969-) David Mamet és Shepard hatását emeli ki (Kurdi 105), míg a Londonban élő Martin McDonagh (1970-) a *Vaknyugat* (*The Lonesome West*, 1998) című drámájának már címében (de mélyebb dramaturgiai, ideológiai rétegeiben is) visszhangra talál Shepard remekműve, a *Hamisítatlan vadnyugat* (*True West*, 1980).

Matthew Martin tanulmánya, „Arthur Miller párbeszéde Írországgal" („Arthur Miller's Dialogue with Ireland") címmel, a drámaíró és az ír színház között szintén hangsúlyozza a kölcsönhatásokat. Martin szerint Miller a modern ír dráma fejlődését és bemutatóit mindig nagy érdeklődéssel követte (100). Esszéiben, interjúiban és önéletrajzában Miller két ír drámaírót említ többször, és beszél róluk hosszasabban. Más modern drámaírókkal együtt foglalkoztatta G. B. Shaw munkássága és karakterábrázolása, amelyről egy helyütt így nyilatkozik:

> Shaw mindig eltekintett a lényegtelen háttér ábrázolásától, valószínűleg azért, mert oly sok dolgot akart elmondani, és oly rövidnek érezte az idejét. Ön [az interjú készítője] a *Pygmalion* egyik mellékszereplőjét, az apát hozta fel példának. Nos, azt hiszem, Shaw – nőalakjaitól eltekintve – a mellékszereplőket ábrázolta a legrealisztikusabban. A főszereplőket ugyanis túlságosan lefoglalják a darab főbb kérdései. Alakjai mindig a témáról beszélnek, ami annak a jele, hogy az író eltért a megszokott lélektani ábrázolásmódtól. ... -- Williams realista – persze abban az értelemben, amelyről az előbb beszéltem, tehát ahogyan Shaw nem az. (Miller, „A modern dráma erkölcsisége" 186-87)

Úgy tűnik, Shaw iránti tisztelete mellett Miller magasabbra értékelte Tennessee Williams lélektani realizmusát karakterei megjelenítésében.

CENTENÁRIUMI ÍRÁSOK MŰVEIRŐL

A másik ír drámaíró, akit Miller kicsit hosszabban említ, Sean O'Casey volt, aki első darabjainak realizmusától a későbbiekben (miután már elhagyta hazáját és Angliában élt) eltávolodott a költői, szürreális ábrázolásmód felé. A baloldali gondolkodókat és szimpatizánsokat üldöző McCarthy időszakban, amelyet Miller és mások szerint is paranoia jellemzett, O'Casey *Kukuriku ifiur (Cock-a-doodle Dandy,* 1949) című darabjának tervezett, ám elmaradt New York-i bemutatója kapcsán Miller a következőket írja:

> Nemcsak az újságokban olvasottak táplálták bennem a szorongás és fenyegetettség érzését. Bejelentették, hogy Sean O'Casey új darabját, a *Kukuriku ifiur*-at bemutatják New Yorkban, mire az Amerikai Légió azonnal azzal fenyegetőzött, hogy blokád alá veszi a színházat. Ez már önmagában is elegendő lett volna ahhoz, hogy bármely producer kétszer is meggondolja, számíthat-e a bemutatóból annyi haszonra; ráadásul a fő szponzor, Mrs. Peggy Cullman, aki nem sokkal azelőtt tért át a katolikus hitre, elolvasta a darabot, és úgy döntött, hogy katolikusellenes, és visszavonta a pénzét. A mű kétségtelenül antiklerikális volt, bár nem antikatolikus, de persze az Amerikai Légiót valószínűleg sokkal jobban érdekelte, hogy O'Casey gyűrött zakója hajtókájába tűzve egy sarló és kalapács jelvényt viselt, mert a kommunizmus rabul ejtette ír szívét. Életemben nem hallottam kommunistát, aki így beszélt volna, és gyanítottam, hogy csak a konzervatívokat akarja ugratni, főleg a briteket, akik természetesen bosszantóan közömbösek maradtak iránta, míg az írek Írországban, ahonnan önmagát száműzte, láthatólag még a létezéséről is megfeledkeztek, ... Akárhogyan is, néhány darabját csodálatosnak tartottam, akárcsak az életrajzát, és felháborított, hogy egy ilyen zsenit elüldözhessenek a Légió orgyilkosai. *(Kanyargó időben* 2. kötet 47-48).

A fenti részletből kiviláglik, hogy bár Miller felháborodását a politikai milió szűklátókörűsége váltotta ki, valójában az író O'Casey-t csodálta és próbálta védeni, amikor életrajzának további bekezdései szerint az O'Casey-bemutató érdekében ellenakcióba kezdett, de nem ért el vele semmit.

Millerről szóló monográfiájában Martin Gottfried arra utal, hogy ha van Miller műveiben ír hatás, akkor az O'Casey-től származik, és leginkább a *Két hétfő emléke* (*A Memory of Two Mondays*) című, önéletrajzi ihletésű drámájában látható. A darab 1955-ös keltezésű, de az 1930-as években játszódik, s a helyszín egy autóalkatrész raktár; fiatalabb korában rövid ideig Miller is dolgozott ilyen helyen. A szereplők többsége ír származású, és a stílus megkülönböztető jegye, hogy Miller verseket is beleszőtt a szövegbe, valószínűleg ír hatásra. Már a műfajra utaló alcíme is felhívja a figyelmet a darab költőiségére, mert így hangzik: „Költemény" (A Poem) (Gottfried 249-52). A főszereplő, Bert munkatársai közül Kenneth áll hozzá a legközelebb, aki a darab végén, miután Bert örökre elment, egy Thomas Moore balladából idéz:

Vár rá a sír fekete hantja
Az apai kardot övezi fel,
S hátán lóg vad szavú lantja. (Miller, *Két hétfő* 364).[62]

Összegyűjtött drámáihoz írt előszavában Miller sokatmondóan így jellemezte a *Két hétfő emlékét*: „A *Két hétfő emléke* érzelmes komédia. Egy fiú évekig dolgozik munkatársak közt, osztozik bajaikban, sikereikben, reményeikben, s mikor az idő eljön, hogy odébbálljon, egy szót várna tőlük emlékbe, valami jelét, hogy köztük volt, hogy nyomot hagytak egymásban. De a vak robot sűrűjében épp hogy csak tudomást vesznek a távozásáról. ... E kötet darabjai közül egyet sem írtam nagyobb szeretettel, s ami engem illet, a legjobban ezt szeretem köztük" (*Összegyűjtött* 149).

Az ír-amerikai színházi kölcsönösség másik oldalát vizsgálva az tapasztalható, hogy Miller hatása erőteljesen érvényesül több ír drámaírónál, elsősorban Brian Friel (1929-2015)

---

[62] In the ranks of death you will find him
His father's sword he has girded on
And his wild harp slung behind him.

munkásságának korai szakaszában. Az eredetileg *The Francophile* (A franciabarát) című, majd az Ulster Group Theatre számára *This Doubtful Paradise*-nak (Ez a kétes Éden) keresztelt Friel-dráma apa-főszereplője nem véletlenül kapta a Willie Logue nevet, ugyanis sokban idézi Willy Loman fantáziák és illúziók által vezérelt ambícióit, amellyel mindkét apa gyermekei életét mérgezi. Millerével ellentétben Friel műve nem végződik tragikusan, az ő Willie-je pusztán csak nevetségessé válik; az író a már meggyökeresedett ulsteri vígjáték hagyomány konvencióinak alkalmazásával próbált itt kísérletezni, bár szerény sikerrel (Roche 22-24). Saját drámaírói hangját, a számára megfelelő témákat és dramaturgiát keresve Friel útja az Egyesült Államokba vezetett, ahol Tyrone Guthrie anglo-ír származású rendező Minneapolisban alapított színházában egy fél évig a próbák „megfigyelőjeként" vendégeskedett (Murray 14). „Self-Portrait" (Önarckép) című önéletrajzi esszéjében a drámaíró a következőket írja amerikai tapasztalatairól:

> Harminc évesen már elindultam a színházi pályán, ám az intuitív tudásomon kívül csaknem teljesen tájékozatlan voltam a drámaírás és színházi előadás technikai oldala terén. Mint a festő, aki sosem tanult anatómiát; mint a zeneszerző, aki nem jártas az összhangzattanban. Így tehát összecsomagoltam, és feleségemmel meg két gyermekemmel a Minnesota-beli Minneapolisba mentem, ahol Tyrone Guthrie egy új színházat hozott létre. Ott éltem hat hónapig. ... Rengeteget tanultam a színház vastörvényeiről, olyanfajta odaadást, nemességet és önfeladást fedeztem fel világában, amelyet az ember a papi hivatással társít. Ennél azonban sokkal fontosabb, hogy az Amerikában töltött hónapok felszabadító hatással voltak rám – ne feledjük, ekkor töltöttem először hosszabb időt a belterjes és klausztrofób Írországtól távol. Ez a felszabadulás kincset érő önbizalmat adott nekem és vele olyan látásmódot, hogy az első dráma, melyet mindjárt hazajövetelem után írtam, a *Philadelphia, itt vagyok!* a

ARTHUR MILLER ÖRÖKSÉGE

korábbiaknál jóval magabiztosabban komponált mű lett. (Friel, „Self-Portrait" 41-42)[63]

Christopher Murray véleménye szerint Friel-ben ekkor tudatosult írói elhivatottsága, és az idézetben a papi hivatásra történő utalás jelentőségét az is aláhúzza, hogy Friel a Maynooth-ban folytatott papi tanulmányait hagyta abba a drámaírói pálya kedvéért (15). A Minneapolisban töltött hónapok során Friel-nek módja nyílt Guthrie rendezői munkáját megfigyelni, nevezetesen négy dráma színpadra állításának folyamatát nézte végig. Ezek között szerepelt Shakespeare *Hamlet*je és Miller remekműve, *Az ügynök halála* (*Death of a Salesman*, 1949). Nem lehet tehát véletlen, hogy Friel amerikai tartózkodása után elsőként írott *Philadelphia, itt vagyok!* (1964) című műve számottevő rezonanciákat mutat *Az ügynök*kel. Az utóbbi eredetileg a *The Inside of His Head* (Fejének belseje) címet kapta, utalva arra, hogy a megfáradt és öregedő főszereplő, Willy Loman belső, lélektani drámáját viszi színre visszatekintő (flashback) jelenetek és az emlékek álomszerűségét kiemelő expresszionista technika segítségével. Amint arra Seress Ákos tanulmánya rámutat, ennek ellenére Miller műve nem tekinthető tudatdrámának, mert „tudjuk, mit gondol magáról és fiairól Loman, ám ezzel egy időben azzal is tisztában lehetünk, hogy

---

[63] „And now I found myself at thirty years of age embarked on a theatrical career and almost totally ignorant of the mechanics of play-writing and play-production apart from an intuitive knowledge. Like a painter who has never studied anatomy; like a composer with no training in harmony. So I packed my bags and with my wife and two children went to Minneapolis in Minnesota where a new theatre was being created by Tyrone Guthrie, and there I lived for six months. ... I learned a great deal about the iron discipline of theatre, and I discovered a dedication and a nobility and a selflessness that one associates with a theoretical priesthood. But much more important than all these, those months in America gave me a sense of liberation – remember, this was my first parole from inbred claustrophobic Ireland – and that sense of liberation conferred on me a valuable self-confidence and a necessary perspective so that the first play I wrote immediately after I came home, *Philadelphia, Here I Come!*, was a lot more assured than anything I had attempted before".

mindebből a képzelgésből mi az igazság" ("Csonka" 193). A *Philadelphia* szintén lélektani dráma, de nem tudatdráma, amelyben apa és fiú kiüresedett viszonya áll a középpontban. Miller drámájától eltérően itt viszont a fiú nézőpontja dominál és a néhány visszatekintő jelenet a huszonéves főhős, Gar O'Donnell emlékképeit idézi fel. Mindkét drámában zenei effektusok kapnak szerepet az emlékek előhívásában. Millernél időnként megjelenik Willy fiatalabb énje, a felidézett események idejének függvényében, Friel viszont Gart folyamatosan két, többnyire együtt is látható alakban, mint Külsőt és Belsőt ábrázolja, vagyis a *Days without End* (Napok vég nélkül, 1934) című drámájában már O'Neill által is alkalmazott alakkettőzéssel kísérletezik. Friel-monográfiájában Murray összeveti *Az ügynök* és a *Philadelphia* színpadi tereit és hasonlóságot állapít meg, ugyanis mindkettőben konyha, hálószoba, valamint egy semleges előtér látható (25).

Mind *Az ügynök*, mind pedig a *Philadelphia* írországi bemutatója a dublini Gate Színháznak köszönhető. A színház társulatát 1928-ban alapította két, Angliából áttelepült, írói, színészi és rendezői ambíciókkal egyaránt rendelkező színházi ember, Micheál MacLíammoír és Hilton Edwards. Egyikük sem volt ír származású, bár az előbbi az autentikusság és kulturális céljaik érdekében ír jellegűvé változtatta az eredetileg sokkal prózaibb hangzású angol nevét. Együtt éltek és alkottak, egy akkoriban meglehetősen prűd Írország kellős közepén, mindenfajta morális aggály ellenére; a dublini színházrajongók és a szakmabeliek egyszerűen, de találóan a Boys (Fiúk) néven emlegették őket. Az 1930-as években az Abbey Színház paraszti realizmus jegyében született hazai darabok bemutatására összpontosított, mellyel ellentétben a fiatalabb Gate Színház társulata a kísérletező modernizmust kívánta a nézőkhöz közelebb hozni és más országok legkiválóbb drámáiból is bőven válogatott előadásaihoz (Morash és Richards 57-59). Felvállalt másféle szemléletük és az egyesek szemében rendhagyónak számító művészi törekvéseik miatt a társulat munkáját gyakran viták kísérték. *Az ügynök*öt 1951-ben mutatták be. MacLíammoír és Edwards közös életrajzírója,

ARTHUR MILLER ÖRÖKSÉGE

Christopher Fitz-Simon az előadás több szempontból jellemző körülményeiről a következőket írja:

> Orson Welles, aki akkor még az *Otelló* bemutatóján dolgozott, nem jött el Dublinba, hogy eljátssza Willie Loman szerepét *Az ügynök halálá*ban, amint azt remélték, így Hilton Edwards alakította a főszereplőt. Noëlle Middleton úgy érezte, hogy 'Edwards állítólagos „zsidósága" – hajlott orra és izgő-mozgó ajka, amely olyan volt, mint a gumi' segítette az előadás fizikai megformálását. Seamus Kelly az *Irish Times*-tól Edwards 'aggodalmaskodó, bohócszerű arcáról' írt, hozzátéve, hogy 'amikor a sántikáló, öregedő, összetört kereskedelmi utazó halálához ér a darab, Edwards a klasszikus nagy tragédiák méltóságát képes nyújtani.' A Gate Színház újra a legjobb formáját hozta. Ám a korábbról ismert vitákat is felélesztette, ugyanis a Katolikus Mozi és a Színházpártolók Egyesülete – amelyről úgy tűnt, addig nem hallott senki – röpiratokat osztogatott a színház előtt. Ezek egy amerikai irományból idéztek, amely szerint a dráma 'egyike azoknak, amelyek a baloldali agitáció melegágyai.' Amerikai 'vörös' szervezetek listáját is közölték, az egyiknek Arthur Miller tagja volt a leírás szerint. A bemutató estéjén hat rendőr posztolt a South King Streeten, de nem volt rájuk szükség. (167)[64]

---

[64] „Orson Welles, still working on *Othello*, did not come to Dublin to appear as Willy Loman in *Death of a Salesman*, as had been hoped, so Hilton Edwards played the part. Noëlle Middleton felt that 'his alleged „Jewishness" – the hooked nose and the mobile mouth, which was like rubber' helped the physicality of the performance. Seamus Kelly of the *Irish Times* wrote of his 'anguished clown's face'; 'when it comes to the death of the flabby, ageing, broken-down commercial traveler, he catches the dignity of classical high tragedy.' Here was the Gate company back again at the top of its form. It was also back again with its familiar trappings of controversy, for members of the Catholic Cinema and Theatre Patrons Society – of which no one seemed to have previously heard – distributed leaflets outside the theatre, quoting an American publication, which stated that the play was 'one of a type which are hot-beds of left-wing agitation.' There was a list of 'red' organisations in the United States, to one of which Arthur Miller was said to belong. Six members of the Garda Siochana were on duty in South King Street on the opening night, but their services were not needed".

Az itt leírt körülmények jól jellemzik a korabeli, meglehetősen konzervatív ír szemléletet és az országot is megérintő hidegháborús hangulatot. *Az ügynök* első írországi előadása egyébként is vegyes fogadtatásra talált, éppen a dráma anyagi kötődésű témái miatt (Martin 100). Amint Martin írja, „Willy életének szellemi üressége az 1950-es évek Írországának szempontjából önmagában nem tragédia; inkább akadálya annak, hogy Willy dilemmája tragikussá váljon. A nagy hősöket felmutató ír színházi hagyomány mindent megpróbált megtenni, hogy rangos darabként mutassa be, de hiába" (101).[65]

Friel *Philadelphiá*jának bemutatóját Hilton Edwards rendezte meg a Gate Színház számára 1964-ben, az éves Dublini Színházi Fesztivál (1957-) programja részeként. Fitz-Simon erről a bemutatóról szintén részletesen ír, szövegéből a Millerrel való párhuzamok szempontjából érdemes idéznünk. Edwards a fesztivál igazgatójától kapta meg a darabot, nagyon megtetszett neki, és lelkesen kezdett dolgozni színpadra vitelén. Alpho O'Reilly-t, egy tekintélyes színpad- és jelmeztervezőt kért meg, hogy segítse ebben a munkában. O'Reilly először elfoglaltságaira hivatkozva nemigen akart az új munkával foglalkozni, ám miután elolvasta, szintén kiemelkedően innovatívnak találta Friel drámáját. Azt javasolta, hogy *Az ügynök* színpadképéhez hasonlóan a ház belsejének különböző részeit együtt és egyszerre kell a színpadon láttatni. Edwards mindjárt felismerte, hogy ezzel a térkezeléssel pergőbbé válik majd a cselekmény, és az újdonságokra nyitott Friel is örömmel fogadta az ötletet (Fitz-Simon 275-76).

Brian Friel mellett egy másik kortárs, az Írországban évekig dolgozó félig magyar és félig angol származású drámaíró, Elizabeth Kuti (1969-) fő műve, a dublini Abbey Színházban bemutatott *Treehouses* (Házak a magasban, 2000), szintén Miller

---

[65] „The spiritual emptiness of Willy's life, from the point of view of Ireland in the 1950s, is not in itself a tragedy; it is rather the obstacle preventing Willy's dilemma from attaining tragic proportions. The great heroic Irish theatrical tradition does its best to bring stature to the play, but in vain".

ARTHUR MILLER ÖRÖKSÉGE

hatást mutat. Miller gyakran idézett mondása, hogy minden komolyan vehető modern dráma cselekménye arra a kérdésre vezethető vissza, „hogyan élhetünk összhangban a világgal[?]" („A modern" 87). A Kuti-dráma által színpadra vitt történetek úgyszintén a hovatartozás, otthonkeresés és a világgal való összhang megtalálásának kérdései körül forognak. A tulajdonképpeni főszereplő, a darab jelenében már halott magyar zsidó férfi a második világháború végén, Magyarország német megszállása idején volt kénytelen hazáját elhagyni, és végül Angliában telepedett le. Alakja lánya, Éva, és gyerekkori ismerőse, az idős, egy írországi szeretetotthonban élő Magda emlékképein keresztül rajzolódik meg. Formáját tekintve a dráma szembeszökő vonása, hogy oly sok kortárs ír színpadi műhöz hasonlóan részben monológokra épül -- ezek Éva monológjai és helyenként a tudatáram formáját öltik, szaggatott ritmusuk a szabadvers stílusához közelít. Éva és Magda visszaemlékezésein keresztül Kuti az egyéni és közösségi történetek összekapcsolásával jól láthatóan kötődik az ír drámaírói hagyományokhoz, ugyanakkor Miller hatását is mutatja, amiről az írónő a következőképpen nyilatkozik:

> Rám, és talán a *Treehouses*ra a legnagyobb hatást azonban valószínűleg Arthur Millernek *A bűnbeesés után* című műve tette. Londonban láttam, nagyszerűen megírt drámának tartom. Bűnről és veszteségről szól elsősorban, és a holokauszt nagy jelentőséget kap benne. A múlt elsiratása, és a vele kapcsolatos bánat (és bűntudat) az emlékezésre épülő darabokban mindig jelen van – talán ezek az ír és a zsidó irodalom és kultúra közös témái. (Kurdi 222-23)

Ugyanakkor elmondható, hogy egy magyar zsidó menekült hányatottságának története, amely a két asszony emlékeinek különböző módú damatizálásával tárul a néző/olvasó elé Kuti drámájában, sok más, minden korban nagyon aktuális kérdést is felvet, a szolidaritás és árulás határait feszegetve.

Millert meghatározóan foglalkoztatták a család ábrázolásának lehetőségei. Egy helyütt azt írja, hogy „[A] magánélet és a társadalmi élet ma rendkívül élesen kettéválik;

ezért olyan nehéz kialakítani azt a dráma formát, melyben a kettő valósághű módon egyesül" („A modern" 94). A kérdés mindenkor érvényes aktualitását a Miller utáni drámairodalomban számos mű jelzi, de a két szféra kettéválásának általa leírt elképzelése ingatagnak mutatkozik. Egy kortárs ír drámát, Martin McDonaghnak a világ számos színpadán játszott *Párnaember (The Pillowman*, 2003) című művét a családra történő kritikai reflektálás szempontjából (is) elemzi P. Müller Péter. A darab testpolitikájáról írottakat P. Müller a következő, a nemzetközi McDonagh szakirodalomban is újnak számító szemponttal egészíti ki:

... A *Párnaember*nek nem a politikai, de nem is az egyéni vonatkozása a leglényegesebb, hanem a szülői. Ez a szülői szféra kapcsolja össze az egyént a társadalommal és viszont. ... A *Párnaember*ben megjelenő testpolitika a gyerekekkel szembeni helytelen bánásmódból, bántalmazásból ered, amelynek gyakorlatát a diktatórikus kormányzás elnyomó erői alkalmazzák. Ezt az összefüggést nemcsak Michal és Katurian sorsában látjuk, hanem Ariel nyomozó történetében is, akiről kiderül, hogy maga is a gyermekbántalmazás áldozata volt. Ahogy kollégája, Tupolski meséli Katuriannak, Arielt az apja rendszeresen megerőszakolta. (284-85)

Az évtizedekkel korábbi dátumú Miller-mű, *Az ügynök halála* kétségkívül fontos, ám szintén kevésbé gyakran említett témája a család mint a társadalmi elvárásokat az egyén felé közvetítő intézmény kritikájával kapcsolatos. Seress Ákosnak a drámáról írt elemzése szerint a dráma nem tükrözi a család ábrázolásáról szóló Miller-esszében megfogalmazott oppozíciót. Willy fiai, írja Seress, „az apa által kijelölt és meghatározott utat kénytelenek járni; a család tehát nem, hogy nem biztosítja számukra az önazonosság lehetőségét, hanem épp e közeg fosztja meg őket ettől. ... a folyamatot a sikernarratívának való megfelelési vágya indukálja. ... a család és a magánélet szférája elválaszthatatlan a társadalmi normarendszerektől és diskurzusoktól" („A család" 50).

ARTHUR MILLER ÖRÖKSÉGE

Az ügynök halála és a *Párnaember* között éppen a fentiekkel összecsengő észrevételek alapján von párhuzamot egy ír színházkutató, Eamonn Jordan. Minkét drámában, írja Jordan, kitapintható a politikai és kulturális narratívák, a család, az erőszak és az ismétlési kényszer jelenléte. Ugyanakkor mindkét dráma jelzi, folytatja a kritikus, hogy domináns játékterei más terekhez is kötődnek, például McDonagh-nál a vallató cella a szülői hálószoba teréhez, és mindkét műben szerepet kap a zene (Jordan 45). A főszereplők, Willy Loman és Katurian Katurian, történetek szerzői illetve elmondói. Willy történetei az amerikai álom sikerpropagandájához kötődnek; az ügynök „mindenfajta nehézségre fikcióval vagy fantáziával reagál, hogy elfedje, vagy elvitassa a valóság súlyát" (Jordan 51).[66] Történetei azt a célt is szolgálják, hogy fiait inspirálja, sőt rábeszélje, hogy apjuk nyomdokaiba lépjenek. Ugyanakkor „Katurian történetei elsősorban fizikai bántalmazásról és erőszakról szólnak, ahol a család mint a szocializáció, a rendre szoktatás és a büntetés legfőbb ágense, kegyetlenül uralkodik az emberi sorsok felett" (Jordan 54).[67] Katurian történeteiben visszhangot kap az a tény, hogy a „Katurian szülők teljesen különböző gyerekkort szánnak két fiuknak; Katuriant kedvező körülmények között nevelik, szeretik, bátorítják és csodálják, miközben Michal negatív élményekben részesül: ritualizált módon kínozzák és gyalázzák, valamiféle groteszk művészi kísérlet részeként" (Jordan 54).[68] Willy sikerről szóló történetei a nukleáris család keretében fiait ezek újrajátszására inspirálják, saját útjuk megtalálása helyett; Katuriannak a szülői erőszakról mintázott véres történeteit pedig a kínzások miatt szellemileg is

---

[66] „ ... for every difficulty, he has a fiction or fantasy to disguise or contest that reality".

[67] „Katurian's stories are very much about abuse and violation, where the family, as a primary agent of socialization, discipline, and punishment, becomes the cruel arbiter of fates".

[68] „the parents of the Katurian family decide on totally different childhood realities for the two brothers: Katurian gets the privileged lifestyle, full of love, encouragement and admiration, and Michal is gifted all the negative experiences, whereby he is ritually tortured and abused, as part of some grotesque artistic experiment".

sérült Michal játssza újra, gyerekeket kínozva és a halálukat okozva. A történetek életben történő megvalósítása mindkét drámában tragédiákhoz vezet: Willy fiainak sorsa vakvágányra fut vagy legalábbis bizonytalan (még Biff újdonsült tervei sem elég konkrétak), Katuriant pedig kivégzik, miután szánalomból megfojtotta a testvérét (vö. Jordan 58). Miller két ír rendezővel is kapcsolatban állt. Martin írja, hogy Miller látta Galway-ben a *The Lonesome West* (*Vaknyugat*) című McDonagh dráma előadását 1997-ben Garry Hynes, a Galway-i Druid Színház neves művészeti igazgatójának rendezésében, és nagyon megtetszett neki Hynes munkája. Megkérte Hynest, hogy a *Mr. Peters' Connections* (Peters úr kapcsolatai, 1998) című új drámájának off-Broadway-i bemutatóját rendezze meg (Martin 99). A bemutatóra a Signature Theatre-ben került sor 1998. elején (White). Simi Horwitz cikke szerint Hynes a darabban a Mr. Peters-ről festett portré intimitását találta érdekesnek, amellyel a közönség jó része azonosulni tud. A főszereplőt, akinek a nézőpontja domináns, folytatja Horwitz, egyszerre kísérti a múlt, ugyanakkor a jelenben szintén bizonytalanul érzi magát, s egészében a dráma többértelmű, mert nem lehet tudni, a túlvilágon játszódik-e, vagy az öregedő főhős szenilis gondolat- és érzésvilágáról ad képet. Ez a bizonytalanságokat hangsúlyozó leírás néhány kortárs ír drámára is illene, például Sebastian Barry műveiben találhatnánk párhuzamokat, s valószínűleg ezért is volt jó választás Garry Hynes mint rendező. Hynes újabb Miller-rendezése, az *Alku* (*The Price*, 1964) Los Angelesben, a Mark Taper Forumban volt, a centenáriumi év, 2015. elején. Az előadásról Charles McNulty írja, hogy Hynes igen jól kiválasztott színészekkel dolgozott együtt, s a két fivért játszó színészek (John Bedford Loyd mint Walter, az orvos, és Sam Robards Victor, a rendőr szerepében) éles megvilágításba helyezték a családi ellentétek komplexitását, amelyet jól érzékeltettek a nézői szimpátia változásai is. Az előadás komoly sikeréhez hozzájárult, mint kritikájában Jordan Riefe írja, hogy az öreg bútorkereskedőt egy nagyszerű komikus színész, Alan Mandell játszotta, továbbá Matt

ARTHUR MILLER ÖRÖKSÉGE

Saunders díszlete szinte kézzelfoghatóvá tette a fivérek mélyen gyökerező konfliktusát.

Ami Miller drámáinak későbbi írországi útját illeti, abban továbbra is kiemelkedő szerepet vállalt a Gate Színház. 2004-ben bemutatták *Az alkut*, 2009-ben az *Édes fiaimat*, 2013-ban *A nép ellenségét*, majd 2014-ben ismét *Az alkut*. 2015-ben, a Miller Centenárium évének tavaszán *Az ügynök halála* szerepelt kínálatukban, szeptember végén pedig a 2015-ös Dublini Színházi Fesztivál egyik kiemelt programjaként a *Pillantás a hídról* című Miller-drámát mutatta be a Gate társulata, kiemelkedő sikerrel. A *Pillantás a hídról* rendezőjét, az ír születésű Joe Dowlingot (1948-) 1978-1985 között az Abbey Színház művészeti igazgatójaként ismerhette meg a dublini közönség, majd 1995-től 2015-ig Dowling a minneapolisi Guthrie Színház művészeti igazgatója volt. Amerikai tevékenysége során dolgozott együtt Millerrel, és a centenáriumi *Pillantás a hídról* előadás programfüzetébe a következőket írta a szerzőről, a darabról, és saját munkájáról:

Eddie Carbone a *Pillantás a hídról*ban szintén azt követeli, hogy kapja vissza becsületét a közösségben, mielőtt bekövetkezik a tragikus vég. A becsület állandó téma Miller legnagyobb műveiben; onnan ered, hogy az író látta, amint apja befolyásos pozíciójából egykori önmaga szánalmas árnyékává süllyedt. Elvesztette becsületét a közösségben, mert elvesztette a vagyonát. A fia helyreállította becsületét azáltal, hogy élete szövetéből halhatatlan karaktereket teremtett.

Először akkor találkoztam Arthur Millerrel, amikor 1996-ban eljött a Guthrie Színházba, Minneapolisba, hogy megnézze az *Alku* című darabja előadását. ... Miller munkáinak színpadra rendezése szakmai életem legszebb tapasztalatai közé tartozik. Drámái összetettek és titkukat nagyfokú érzelmi hatással fedik fel. Nem számít, milyen éppen a politikai és a társadalmi helyzet, Miller műve az egyetemes és időtlen valóságról beszél. ... a *Pillantás a hídról* esetében az illegális bevándorlás és a migránsok bújtatása nagyon aktuális témák manapság. (5)[69]

Hozzátehetjük, bár ezeket nem Dowling rendezte, hogy *A nép ellensége* (*An Enemy of the People*, 1951) és *Az ügynök halála* bemutatóit a közelmúltban a Kelta Tigris elnevezésű, gyors, de rövid életű prosperálást mutató időszakot (1995-2008) felváltó gazdasági válság és annak konfliktusai, valamint elkerülhetetlen veszteségi tették Írországban meglepően időszerűvé.

A Gate Színház *Pillantás a hídról* előadása kapcsán feltétlenül említést érdemel Beowulf Boritt díszlettervező munkája is: a Carbone család szerény otthonát idéző színpadkép hátterében fekete-fehér színekben végig a Brooklyn hidat és a kikötőt, vagyis a külső és a belső tereket együtt látta a közönség. Az előadás egyik kritikusa, Sophie Gorman szerint ennek a darabnak a lényege az apró részletekben, nüánszokban rejlik, s ezt a sajátságot a Gate kiválóan érvényesítette, bár néha kicsit eltúlozva. Nehezen lehetett volna azonban az utóbbit elkerülni, hiszen érzelmileg igen telített szöveg Milleré, különösen az a jelenet, amikor Eddie száján csókolja nevelt lányát és utána annak udvarlóját is, mintegy „kasztrálva ezzel a férfit" (Bollobás 741). Eddie azonban valószínűleg maga sem tudja, mit vagy miért csinál, annyira tisztázatlanok számára is viharos érzelmei. A két váratlan csók után „*elengedi Rodolhót. Eddie ott áll,*

---

[69] „Eddie Carbone in *A View from the Bridge* also demands that his good name in the community be restored before his ultimate tragic end. It was a constant theme in all of Miller's great works and stemmed from watching his father decline from a position of great influence to a pitiful shadow of the man he once was. He had lost his name in the community because he had lost his wealth. His son restored that name by immortalizing the characters he created out of the whole cloth of his own life.

The first time I met Arthur Miller was when he came to the Guthrie theatre, Minneapolis to see *The Price* in 1996. ... Directing Miller's work has been among the most satisfying experiences of my professional life. The plays are complex and yield up their secrets to great emotional effect. No matter what the political and social situation of the time, Miller's work speaks to a universal and timeless reality. ... with *A View from the Bridge*, the issues of illegal immigration and sheltering migrants seem highly relevant to our time".

ARTHUR MILLER ÖRÖKSÉGE

könnyek folynak le az arcán, s közben gúnyosan nevet Rodolphón" (427). Az előadás talán ennél a kétségkívül nehéz jelenetnél biccent meg egy kicsit, Eddie váratlan tettsorozata inkább jól megrendezettnek tűnt, mint hirtelen és érthetetlen reakciónak arra a helyzetre, hogy a két fiatalt egyedül találta a lakásban. Amerikai színész, Scott Aiello játszotta Eddie-t, olaszos külsejével együtt hitelesen formálva meg a szereplőt, akin fokozatosan úrrá lesznek ismeretlen, önmaga előtt is titkolt érzelmei, mígnem, írja Gorman, hétköznapi családfőből felgerjedt mániákussá válik. A színészek között még Bosco Hogan nyújtott kiváló teljesítményt a görög kórus funkciójára is emlékeztető narrátor-ügyvéd, Alfieri szerepében, de a teljes gárdáról elmondható, hogy kivették részüket a megérdemelt sikerben. Megvalósították azt, amit a darabról Miller írt a végleges, kétfelvonásos változathoz szerzett bevezetőjében: „Feszültséget akartam teremteni a színpadon, de nem a tények elhallgatásával. Feszültségteli *megoldásra* volt szükség, hiszen a néző a kezdet kezdetétől tudja, hogy mi lesz a 'megoldás'. Azt kell éreznie tehát, bárcsak megállíthatná ezt az embert, és ráébreszthetné, hogy mit művel az életével. Mivel a közönség többet tud a hősnél, annak egész életét fogalmakká sűrített érzéseken keresztül fogja látni" („Bevezető a 'Pillantás a hídról' kétfelvonásos változatához" 204, kiemelés az eredetiben).

A dublini Gate Színház Miller drámaírói művészetének gazdag örökségét azzal is hangsúlyozta, hogy néhány nappal a *Pillantás a hídról* bemutatója után, 2015. október 10-11-én centenáriumi ünnepséget rendezett, amelyen előadást tartottak többek között Christopher Bigsby és Enoch Brater Miller- és drámakutatók, Marina Carr drámaíró, Joe Dowling és Garry Hynes rendezők, valamint Fintan O'Toole újságíró és színikritikus. Miller és az ír színház széles értelemben vett kapcsolata tehát sokszínű, eleven és folyamatos, s a jövőben bizonyára újabb módokon gazdagítja majd a kultúrák közötti párbeszéd és interkulturális színházi események történetét.

Felhasznált irodalom

Bollobás, Enikő. *Az amerikai irodalom története*. Budapest: Osiris Kiadó, 2005.

Dowling, Joe. Dublin Theatre Festival 2015. Arthur Miller: *A View from the Bridge*. „Programme Note". 4-5.

Fitz-Simon, Christopher. *The Boys: A Biography of Micheál MacLíammóir and Hilton Edwards*. London: Nick Hern Books, 1994.

Friel, Brian. *Essays, Diaries, Interviews: 1964-1999*. Szerk. Christopher Murray. London, New York: Faber, 1999.

Gorman, Sophie. Review. A View from the Bridge, Gate Theatre -- Independent.ie 11/09 2015.

Gottfried, Martin. *Arthur Miller: His Life and Work*. Boston: De Capo Press, 2003.

Horwitz, Simi. „Face to Face: Director Garry Hynes' Irish 'Connection' With 'Mr. Peters'". *Backstage*, February 21, 2001. http://www.backstage.com/news/face-to-face-director-garry-hynes-irish-connection-with-mr-peters.

Jordan, Eamonn. „The Fallacies of Cultural Narratives, Reenactment, Legacy and Agency in Arthur Miller's *Death of a Salesman* and Martin McDonagh's *The Pillowman*". *Hungarian Journal of English and American Studies* 11.2 (2005): 45-62.

Kurdi, Mária. *Otthonkeresés a színpadon: Beszélgetések ír drámaírókkal*. Debrecen: Kossuth Egyetemi Kiadó, 2004.

Miller, Arthur. „Bevezető a 'Pillantás a hídról' kétfelvonásos változatához". *Drámaíró, színház, társadalom. Színházi írások*. Ford. Aniot Judit és Lengyel Ildikó. Szerk. Wéber Péter. Budapest: Magyar Színházi Intézet, 1978. 202-06.

---. „Bevezető az *Összegyűjtött drámák*hoz". *Drámaíró* 101-55.

---. *Kanyargó időben. Önéletrajz*. 1-2. Ford. Prekop Gabriella. Budapest: Európa, 1990.

---. *Két hétfő emléke*. Ford. Vajda Miklós. *Nagyvilág* 7.3 (1962): 330-64.

---. „A modern dráma erkölcsisége. Phillip Gelb interjúja Arthur Millerrel". *Drámaíró* 180-98.

---. „A modern drámai forma és a család". *Drámaíró* 83-97.

---. *Pillantás a hídról*. Ford. Vajda Miklós. *Drámák*. Budapest: Európa Könyvkiadó, 2008. 363-451.

Martin, Matthew. „Arthur Miller's Dialogue with Ireland". *Arthur Miller's Global Theatre*. Szerk. Enoch Brater. Ann Arbor: U of Michigan P, 2007. 99-106.

McNulty, Charles. „*The Price*. Review". *Los Angeles Times*, February 22, 2015. http://www.latimes.com/entertainment/arts/la-et-cm-the-price-review-20150223-column.html.

Morash, Chris, és Shaun Richards. *Mapping Irish Theatre: Theories of Space and Place*. Cambridge: Cambridge UP, 2013.

Murray, Christopher. *The Theatre of Brian Friel: Tradition and Modernity*. London: Bloomsbury, 2014.

P. Müller, Péter. *Test és teatralitás*. Budapest: Balassi, 2009.

Riefe, Jordan. „Arthur Miller's *The Price*. Theatre review". *The Hollywood Reporter*, February 24, 2015. http://www.hollywoodreporter.com/review/arthur-millers-price-theater-review-777411.

Roche, Anthony. *Brian Friel: Theatre and Politics*. Houndmills: Palgrave Macmillan, 2011.

Seress, Ákos Attila. „A család és a bunker. A család szerepe Arthur Miller drámáiban". *Arthur Miller öröksége: Centenáriumi írások műveiről*. Szerk. Kurdi Mária. Szeged: AMERICANA eBooks, 2015. 29-52.

---. „Csonka Álom, csonka színház". *Hiány, csonkítás, (ki)húzás, (el)hallgatás a drámában és a színpadon*. Szerk. P. Müller Péter, Balassa Zsófia, Görcsi Péter, Neichl Nóra. Pécs: Krónosz, 2014. 193-204.

Varró, Gabriella. *Mesterek árnyékában: Sam Shepard drámái és a hagyomány*. Debrecen: Debreceni Egyetemi Kiadó, 2013.

White, Victoria. „Garry Hynes to direct the premiere of Arthur Miller play in New York. *The Irish Times*, February 12, 1998. http://www.irishtimes.com/news/garry-hynes-to-direct-the-premiere-of-arthur-miller-play-in-new-york-1.134516 # Albert Noémi

BIBLIOGRÁFIA MAGYAR SZERZŐK ARTHUR MILLERRŐL SZÓLÓ ÍRÁSAIBÓL 2005-2015

2005

Bollobás, Enikő. "Arthur Miller". *Az amerikai irodalom története.* Budapest: Osiris, 2005. 738-43.

Horváth, Gábor. "Az író halála: elhunyt a XX. század egyik világirodalmi óriása, Arthur Miller". *Népszabadság* 63.36 (2005): 12.

Kurdi, Mária. "Preface to the Special Issue on Representations of the Family in Modern English-language Drama in Memory of Arthur Miller". Kurdi 5-6.

---, szerk. *Representations of the Family in Modern English-language Drama in Memory of Arthur Miller.* Special issue of the *Hungarian Journal of English and American Studies* 11.2 (2005): 1-267.

Murányi, Gábor. "Drámák komédiája: a támogatva tűrt Arthur Miller". *HVG* 27.9 (2005): 75-77.

---. "Kinek a fiai?" *HVG* 27.9 (2005): 77.

Németh, Lenke. "Arthur Miller's The Ride Down Mount Morgan and the Family-Play Tradition". Kurdi 77-88.

Teicholz, Tom. "Egy moralista halála". *Múlt és jövő* 16.3 (2005): 108-09.

Ungvári, Tamás. "Egy titán búcsúja". *168 óra* 17.7 (2005): 36-37.
Vadon, Lehel. "Arthur Miller: A Hungarian Bibliography". Kurdi 169-227.
Vámos, Miklós. "Hogy volt: egy perc félhomály". *Élet és Irodalom* 49.9 (2005): 20.
Varró, Gabriella. "Acts of Betrayal: Arthur Miller's *The Price* and Sam Shepard's *True West*". Kurdi 63-76.

2006

Koltai, Tamás. "Antikapitalista: Bertolt Brecht: *Puntila úr és a szolgája, Matti*; Arthur Miller: *Az ügynök halála*". *Maszk és meztelenség: Színházi írások*. Budapest: Új Palatinus Könyvesház, 2006. 95-98.
Oroszlán, Éva. "Arthur Miller: *Az ügynök halála*". *Kötelező olvasmányok lexikona*. Debrecen: DFT-Hungária, 2006. 130-31.

2007

Koltai, Tamás. "Amerika alsó: Arthur Miller: *Pillantás a hídról*; Edward Albee: *Nem félünk a farkastól*". *Színház a parcellán: esszék, kritikák*. Budapest: Palatinus, 2007. 198-201.
Urbán, Balázs. "Mindenki ordítson! Arthur Miller: *Pillantás a hídról*". *Színház* 40.7 (2007): 18-22.
Zappe, László. "Rátétek és betoldások. Arthur Miller: *Pillantás a hídról*". *Criticai Lapok*. http://www.criticailapok.hu/index.php?option=com_content &view=article&id=28505. 2007.

2008

"Istenítélet, Arthur Miller: *A salemi boszorkányok* két részben; rendező: Mohácsi János; Pécsi Nemzeti Színház".

CENTENÁRIUMI ÍRÁSOK MŰVEIRŐL

http://jegevaga.blogspot.ro/2008/12/istentlet-arthur-miller-salemi.html. 2008.

Kovács, Dezső. "Együtt sem megy: Arthur Miller: *Az ügynök halála*". *Bohóc a manézsban*. Budapesti Kamaraszínház: Tivoli, 2008. 235-38.

Nagy, Imre. "Ibsentől Molière-ig: a Pécsi Nemzeti Színház tavaszi bemutatóiról". *Jelenkor* 51.6 (2008): 638-48.

Stuber, Andrea. "Nem oké: Arthur Miller: *Pillantás a hídról*". *Színház* 41.4 (2008): 15-16.

---. "Néptribün: Arthur Miller: *Istenítélet*". *Színház* 41.12 (2008): 20-22.

Zappe, László. "Gyermeteg naivitás: Henrik Ibsen — Arthur Miller: *A nép ellensége*". *Színház* 41.5 (2008): 17-18.

2009

Balogh, Gyula. "Nyitott szemmel álmodók víziói: Egy hiszterizált világot jelenít meg Mohácsi János Arthur Miller klasszikus művének átiratában, az *Istenítélet*ben". *Népszava* 136.132 (2009): 10.

Janisch, Attila. "Arthur Miller — Mohácsi István: *Istenítélet*. Pécsi Nemzeti Színház". *Színház* 42.6 (2009): 5-6.

Jászay, Tamás. "Tömeg, hisztéria: Arthur Miller: *Istenítélet* — Pécsi Nemzeti Színház". *Criticai Lapok* 18.1 (2009): 15-17.

Pethő, Tibor György. "Vérfürdő és ördögűzés Arthur Miller nyomán: Grandiózus, kissé elszabaduló előadás: Mohácsi János *Istenítélet*e a Pécsi Országos Színházi Találkozón". *Magyar Nemzet* 72.155 (2009): 15.

Szűcs, Katalin Ágnes. "Vendégrendezők: Arthur Miller: *Istenítélet*; Egressy Zoltán: *Portugál*: Pécsi Nemzeti Színház". *Jelenkor* 52.6 (2009): 671-76.

Vadon, Lehel. *American Dramatists: A Hungarian Bibliography. Eugene Gladstone O'Neill, Thornton Niven Wilder, Arthur Miller, Tennessee Williams, Edward Albee*. Eger: Eszterházy Tanárképző Főiskola, EKTF Líceum Kiadó, 2006.

2010

Onagy Zoltán. „Arthur Miller és az ő megoldatlan Marilynje". *Irodalmi Jelen.* http://www.irodalmijelen.hu/05242013-0951/arthur-miller-az-o-megoldatlan-marilynje. 2010.
Papp, Sándor Zsigmond. „A vadkacsán túl: Arthur Miller: *Jelenlét*". *Népszabadság* 68.270/2 (2010): 18.

2011

Báthori, Csaba. „Éva harapása : Arthur Miller: *Jelenlét*". *Élet és irodalom* 55.6 (2011): 20.
Demény, Péter. "Az ügynök denevérei". *Szabadság.* http://www.szabadsag.ro/szabadsag/servlet/szabadsag/templ ate/print,PrintScreen.vm/id/57803/mainarticle/false;jsessioni d=D8B4519F678B8B8B83BDE2E7DCB91DA62011. 2011. május 12.
Hegyi, Réka. „Hazugságból szebb jövőt. Egy tucatember halála: Arthur Miller klasszikusa ma". *Hamlet.ro.* http://www.hamlet.ro/cikkek.php?cikk=381.2011. május 11.
Marik, Noémi. „Vészterhes atmoszféra. Arthur Miller: *Pillantás a hídról* – Örkény Színház". *Criticai Lapok.* http://www.criticailapok.hu/index.php?option=com_content &view=article&id=38264%3Aveszterhes-atmoszfera&catid=24%3A2011&Itemid=13. 2011.
Seress, Ákos Attila. „Boszorkányság és jog. Törvény és identitás viszonya Arthur Millernél". *Amerikai tragédiák. Szerep, személyiség és kirekesztés Tennessee Williams drámáiban.* Budapest: Theatron, 2011. 35-42.
Szabó, Zoltán. „Mi lesz, Amerika Kapitány? *Édes fiaim* a Pelikánban". *Feol.hu FMH Online.* http://feol.hu/kultura/mi-lesz-amerika-kapitany-edes-fiaim-a-pelikanban-1141896. 2011.
Szekeres, Szabolcs. „Görög tragédia Amerikában. Arthur Miller: *Pillantás a hídról*". *Criticai Lapok.* http://www.criticailapok.hu/index.php?option=com_content

CENTENÁRIUMI ÍRÁSOK MŰVEIRŐL

&view=article&id=38263%3Agoeroeg-tragedia-amerikaban&catid=24%3A2011&Itemid=13. 2011.
Ungvári, Tamás. „Az *Üvegcserepek* története". Arthur Miller: *Üvegcserepek*. Ford. Ungvári Tamás. Budapest: Scolar, 2011. 135-43.

2012

Báthory, Csaba. „Éva harapása: Arthur Miller: *Jelenlét*". *Ellenmérgek: esszék*. Budapest: Napkút, 2012. 247-49.
Csizner, Ildikó. „Tévúton. Arthur Miller: *Az ügynök halála*". *Criticai Lapok*. http://www.criticailapok.hu/index.php?option=com_content&view=article&id=38366%3Atevuton-&catid=25%3A2012&Itemid=13. 2012.
Földesdy, Gabriella. „*Pillantás a hídról*. Örkény István Színház". *Kláris* 12.3 (2012). http://klarisujsag.hu/index.php?oldal=4036.
Kurdi, Mária. „Változatok a politikai színházra: európai drámák adaptációi az ötvenes évek amerikai színpadán". *A fattyú művészet nyomában. Írások amerikai drámáról és színházról*. Szerk. Cristian Réka Mónika. Szeged: Americana eBooks, 2012. 42-63.
Seress, Ákos Attila. „Színház, film és a panoptikus gépezet. A mindentudó nézői pozíció Arthur Miller: *Az ügynök halála* című drámájában". *Apertúra* 7.3 (2012). http://apertura.hu/2012/tavasz/seress-akos-szinhaz-film-es-a-panoptikus-gepezet.
Szádvády, Gyuláné. „*Az ügynök halála*. Miskolci Nemzeti Színház". *Kláris* 12.5 (2012). http://klarisujsag.hu/index.php?oldal=4048.
Ugrai, István. „Biff Loman, sok sikert! Arthur Miller: *Az ügynök halála* (Móricz Zsigmond Színház)". *7 óra 7*. http://7ora7.hu/programok/az-ugynok-halala-4/nezopont. 2012.

Varró, Gabriella. „A másság retorikája Arthur Miller *Pillantás a hídról* és Tennessee Williams *Macska a forró bádogtetőn* című drámáiban". *Mi/Más Konferencia 2010.: Gondolatok a másságról.* Szerk. Kádár Judit, Szathmári Judit. Eger: EKF Líceum Kiadó, 2012. 266-79.
Zappe, László. „Kötelek közt. Arthur Miller: *Az ügynök halála*". *Critical Lapok.* http://www.criticailapok.hu/index.php?option=com_content&view=article&id=38365%3Akoetelek-koezt&catid=25%3A2012&Itemid=13. 2012.
---. „Roncs autó, roncs élet. Arthur Miller: *Az ügynök halála* – Móricz Zsigmond Színház, Nyíregyháza". *Critical Lapok.* http://www.criticailapok.hu/index.php?option=com_content&view=article&id=38418%3Aroncs-auto-roncs-elet&catid=25%3A2012&Itemid=13. 2012.

2013

„*Édes fiaim* (József Attila Színház)". *All the world's a stage – Színház az egész világ.* http://hobbitermek.blogspot.ro/2013/04/edes-fiaim-jozsef-attila-szinhaz.html. 2013.
„*Édes fiaim* – Kerényi-rendezés a József Attila Színházban". *Szinhaz.hu Magyar Színházi Portál.* http://szinhaz.hu/budapest/50514-edes-fiaim-kerenyi-rendezes-a-jozsef-attila-szinhazban. 2013.
Földesdy, Gabriella. „*Édes fiaim.* József Attila Színház". *Kláris.* http://klarisujsag.hu/index.php?oldal=4100. 2013.
Hrecska, Renáta. „Mindig könnyebb ítélni, mint átélni". *Magyar Hírlap Online.* http://archivum.magyarhirlap.hu/mindig-konnyebb-itelni-mint-atelni. 2013.
Petővári, Ágnes. „Arthur Miller: *Édes fiaim*". *Petővári Ágnes színikritikái.* https://petovariagnesszinikritika.wordpress.com/2013/03/27/arthur-miller-edes-fiaim/. 2013.

CENTENÁRIUMI ÍRÁSOK MŰVEIRŐL

Urbán, Balázs. "Rejtélyek. Arthur Miller: *A salemi boszorkányok* – Győri Nemzeti Színház". *Criticai Lapok*. http://www.criticailapok.hu/index.php?option=com_content &view=article&id=38671%3Arejtelyek&catid=29%3A2013&I temid=13. 2013.

Varró, Gabriella. "Az ügynök figurája az amerikai drámában". *Mesterek árnyékában: Sam Shepard drámái és a hagyomány*. Debrecen: Debreceni Egyetemi Kiadó, 2013. 64-76.

---. "Változatok cserbenhagyásra: Arthur Miller *Alku* című művében és Sam Shepard *Hamisítatlan Vadnyugat*ában". *Mesterek árnyékában: Sam Shepard drámái és a hagyomány*. Debrecen: Debreceni Egyetemi Kiadó, 2013. 77-95.

2014

Balogh Tibor. "Viseljünk-e rendőrmundért moziban?" *Magyar Teátrum Online*. http://magyarteatrum.hu/jozsefattila-szinhaz-alku-poszt-valogatas. 2014. november 4.

2015

Szmodis Jenő. "Előnyös Alku Angyalföldön. Arthur Miller: *Alku*". *Kútszéli Stílus*. http://kutszelistilus.hu/publicisztika/kritika/156-szmodisjeno-elonyos-alku-angyalfoldon. 2015. február 25.

A KÖTET SZERZŐI

Albert Noémi a Pécsi Tudományegyetem Irodalomelméleti Doktori Iskolájának elsőéves hallgatója. A mesterképzést ugyanitt anglisztika szakon, angol irodalom szakirányon végezte, az alapképzést pedig a kolozsvári Babeș–Bolyai Tudományegyetemen, angol–finn szakon. Tagja volt a Kerényi Károly Szakkollégiumnak, illetve jelenleg is aktív tagja a Sensus Kutatócsoportnak és a Narratives of Culture and Identity Research Group-nak. Részt vett több hazai és nemzetközi konferencián. A XXXII. Országos Tudományos Diákköri Konferencián és a XVIII. Erdélyi Tudományos Diákköri Konferencián egyaránt 2. helyezést ért el. Két tanulmányát konferenciakötetekben publikálta, illetve egyet a Kerényi Károly Szakkollégium évkönyvében. Ezeken kívül fordítása és recenziója is jelent már meg.

Balassa Zsófia 2011-ben szerezte MA diplomáját a Pécsi Tudományegyetem színháztudomány szakán, jelenleg a PTE Irodalomtudományi Doktori Iskola Színháztudományi alprogramjának doktorandusza. Kutatási területe a monodrámák, monológok, szóló előadások és a drámanarratológia. Kutatásait a Bergische Universität Wuppertal, a Freie Universität Berlin és az Univerzita Karlova v Praze falai között végezte különböző ösztöndíjakkal. Kritikai szövegei megjelentek a *Jelenkor*, az *Apertúra* és a *Literatura* hasábjain, és számos más tanulmány- és konferenciakötetben. Színháztudományi iskolái mellett pénzügyi végzettséget is szerzett, jelenleg a színházi neveléssel foglalkozó Káva Kulturális Műhely gazdasági vezetőjeként dolgozik.

Kisantal Tamás irodalomtörténész, a Pécsi Tudományegyetem Modern Irodalomtörténeti és Irodalomelméleti Tanszékének adjunktusa. Fő kutatási területei a modern történelemelmélet, történetírás és irodalom viszonya és a holokauszt irodalmi ábrázolása. Az utóbbi témával kapcsolatos monográfiája *Túlélő történetek* címmel 2009-ben jelent meg. Számos tanulmánykötet szerkesztője: *Tudomány és művészet között* (2003), *Művészet és hatalom – a Kádár-korszak művészete* (Menyhért Annával, 2005), *Történetelmélet* (Gyurgyák Jánossal, 2006), *Narratívák 8. Elbeszélés, kultúra, történelem* (2009), *Narratívák 12. Narratív televízió* (Kiss Gábor Zoltánnal, 2014). Tanulmányai többek között a *Jelenkor*, a *Literatura*, a *Műút*, a *BUKSZ* és az *Aetas* folyóiratokban jelentek meg. Jelenleg egy, a magyar holokausztirodalom történetét bemutató könyvön dolgozik.

Kurdi Mária a Pécsi Tudományegyetem Anglisztika Intézetében az Angol Nyelvű Irodalmak és Kultúrák Tanszék tanára. Fő kutatási területei a modern ír irodalom, az angol nyelvű dráma és színház története a 20. század elejétől napjainkig, drámaelmélet és összehasonlító irodalmi-kulturális tanulmányok. Magyarországon és külföldön (elsősorban az anglofón országokban) megjelent monográfiáinak és szerkesztett köteteinek, valamint tanulmányainak, kritikáinak többsége a kortárs ír dráma és színház kérdéseivel foglalkozik, különös tekintettel a női szerzők műveire. Kiadók és folyóiratok részére rendszeresen végez lektorálást.

Németh Lenke A Debreceni Egyetem Észak-amerikai Tanszékének adjunktusa. Az amerikai irodalom és kultúra tárgykörébe tartozó kurzusokat tart. Fő kutatási területe az amerikai drámatörténet, azon belül a posztmodern dráma és a kortárs etnikus szerzők művei, melyekben a kulturális, etnikus és a gender identitás drámai megjelenítését és kísérletező jellemábrázolási eljárásokat vizsgál. Számos cikket publikált ilyen témákban és *"All It Is, It's a Carnival": Reading David*

Mamet's Female Characters with Bakhtin (2007) címmel könyvet. Oktatómunkája felöleli az amerikai modern és posztmodern költészet, amerikai művészet, transznacionalizmus, irodalmi stilisztika, valamint az angol nyelvoktatásban az irodalom integrálásának módszertanát is. A *Hungarian Journal of English and American Studies* társszerkesztője.

Ótott Márta a Szegedi Tudományegyetem Irodalomtudományi Doktori Iskolájának Angol nyelvű irodalmak és kultúrák Európában és Észak-Amerikában PhD programján végzett 2014 nyarán. Doktori kutatási témája az amerikai kísérleti színházi mozgalmak és a Broadway-en kívüli színpadra írt drámák vizsgálata. Az Off- és Off-Off Broadway-en előadott kísérleti darabokon belül az abszurd dráma amerikai megfelelőjét és a drámákban reprezentált rituálék változatait elemzi. Jelenleg disszertációján dolgozik, melyet ebben a szűkebb témakörben ír. Publikációit az amerikai drámáról és színházról írja, a kanonikus szerzők szövegeit és azok kulturális kontextusát is górcső alá véve.

Seress Ákos Pécsett és Veszprémben végzett Magyar nyelv és irodalom, illetve Színháztörténet szakon. Disszertációját Tennessee Williams drámáiból írta, melynek átdolgozott változata 2012-ben jelent meg a Theatron sorozatban *Amerikai tragédiák. Szerep, személyiség és kirekesztés Tennessee Williams drámáiban* címmel. Kutatási területe a kognitív film- és színházelmélet, valamint a 20. századi amerikai drámairodalom. Jelenleg a Kaposvári Egyetem adjunktusa.

www.ingramcontent.com/pod-product-compliance
Lightning Source LLC
Chambersburg PA
CBHW060802050426
42449CB00008B/1499